32
N
N.E.
N.W.
W.
E.
S.W.
S.E.
S.
0Km
100
0M
40
35

Le livre des Fées

Le livre des Fées

Samantha Gray

Éditions Contre-Dires
19, rue Saint-Séverin
75005 Paris

Dans la même collection :
- *Agenda des Anges*
- *La Force de la Prière*
- *Petit guide pratique des cristaux*
- *Mandalas et Méditations*
- *Le livre des Symboles celtes*

Titre original : *The Faerie Book*

Traduit de l'anglais par Patricia Leleu.

ISBN : 978-2-84933-112-5

www.editions-tredaniel.com
info@guytredaniel.fr

Éditrice : Marion Paull
Conception graphique : Jerry Goldie
Illustrations : Emma Garner

Page de garde :
« Le monde des fées » par Emma Garner.

Sommaire

PREMIÈRE PARTIE

Qu'est-ce qu'une fée ?

Les fées vivent sur un plan astral, dans un monde spirituel généralement invisible pour l'œil humain mais qui coexiste avec notre monde physique. Toutes les fées disposent de certains pouvoirs et peuvent favoriser la chance ou la malchance aux êtres humains selon leur bon vouloir.

Iris, détail de fée, *John Atkinson Grimshaw, 1886, huile sur toile.*

Le monde des fées

Où vivent les fées et comment vivent-elles ? Quels sont leurs goûts et leurs aversions ? Les simples mortels peuvent-ils leur rendre visite ? Comment pouvons-nous savoir si les fées viennent nous voir ? Les réponses sont ancrées dans la tradition féerique – qui, avec un esprit ouvert, peut toujours être appréhendée aujourd'hui.

Pourquoi ce nom ?

Le terme « fée » vient du latin *fatum*, qui signifie destin. En latin, *Fata* désigne la déesse des destinées, que l'on retrouve dans les Parques, les divinités latines du destin, personnifiées sous la forme de trois femmes tourbillonnantes, qui tracent le destin de chaque individu. Par ailleurs, le verbe latin *fatare* veut dire enchanter. Au pluriel, les fées désignent souvent un ensemble de créatures issues des mythologies nordiques et du folklore païen, comme les gnomes, les elfes ou encore les lutins.

Le tempérament des fées

Les expressions « Il était une fois... » et « ... ils vécurent heureux et eurent beaucoup d'enfants », que l'on trouve au début et à la fin des contes de fées, sont une invention purement humaine et n'ont rien à voir réellement avec les fées. Le monde féerique est un lieu de pure beauté, d'humour et de joie, mais aussi de mystérieux ensorcellements, de laideur repoussante, de méchanceté, de jalousie et de terreur. De nos jours, nous considérons souvent les fées comme de belles et bonnes créatures et, certaines le sont vraiment ; néanmoins, nos ancêtres savaient qu'elles pouvaient également être perfides, voire malveillantes et même dangereuses, et qu'elles pouvaient

Titania, *John Simmons, 1866, aquarelle et gouache.*

se présenter sous différentes formes. Par le passé, lorsque la technologie moderne n'existait pas, les gens étaient plus en phase avec le monde naturel et ses esprits, et ils avaient une conscience de la présence des fées bienveillantes et malveillantes. Les mortels qui avaient croisé leur chemin pouvaient être dotés d'une chance incroyable ou, au contraire, d'une malchance redoutable. La sagesse de cette époque témoigne de nombreux avertissements, d'histoires terrifiantes et de conseils sur la manière d'apaiser les fées.

Le Royaume du milieu

Les fées sont décrites tantôt comme des esprits de la nature, tantôt comme des êtres surnaturels ou comme les esprits des morts. Pour la chrétienté, ce sont des anges déchus.

La croyance veut que les fées soient de nature paisible, à mi-chemin entre les êtres humains et les anges, et qu'elles peuplent le monde nébuleux du Royaume du milieu. La tradition féerique regorge non seulement de contes où les fées choisissent d'épouser un mortel – choix qui se termine rarement bien pour l'homme ou pour la fée –, mais aussi de contes où les fées se voient infliger le châtiment de vivre sur terre comme les mortels. Dans le *Paradis perdu,* par exemple, John Milton (1608-1674) compare les anges déchus qui construisent le Pandémonium à des elfes. Il était communément admis que les anges déchus, qui avaient été chassés des cieux mais n'étaient pas suffisamment démoniaques pour aller en enfer, devenaient des fées.

Dans la tradition islandaise, les fées descendent d'Adam et Ève, à la suite de leur expulsion du jardin d'Éden. Alors qu'Ève lave ses enfants, elle reçoit la visite de Dieu et, par crainte, cache les enfants qu'elle n'a pas encore lavés. Lorsque Dieu

La fortune des fées

Les fées ont le don de prédire l'avenir et peuvent influencer votre bonne ou mauvaise fortune. Certaines histoires évoquent une bonne fortune accordée en retour d'une bonne action, mais le plus souvent, ces dons semblent être dispensés sur un simple coup de tête. Par exemple, dans les nombreux contes où des sages-femmes sont appelées à assister la naissance de fées, certaines sont récompensées par une bonne fortune ou de l'argent, d'autres reçoivent des remerciements ; d'autres encore, moins chanceuses, ont simplement la vie sauve.

lui demande si elle lui a présenté tous ses enfants, elle ment. Dieu lui rétorque alors que les enfants qu'elle a cachés à sa vue le seront aussi pour les autres êtres humains. Ces enfants cachés sont les fées et les elfes connus sont le nom d'*huldres* dans les pays scandinaves ; ils trompent les gens sur leurs origines.

Une vision de la beauté

De nos jours, nous avons tendance à utiliser le mot fée pour désigner les minuscules femmes ailées qui ont tant peuplé notre imaginaire depuis le XIXe siècle.

Toutefois, nombre d'autres créatures féeriques, dont certaines beaucoup moins attrayantes, voire même monstrueuses, peuplent le monde féerique. Elles sont invisibles pour la plupart des gens, sauf pour les adultes sensibilisés au monde spirituel, pour certains enfants et aussi pour les animaux. Elles peuvent se montrer aux humains à leur convenance et peuvent être aperçues par une personne tout en restant invisible pour les autres.

Les fées n'ont pas d'apparence définie, contrairement aux humains ; il semblerait qu'elles soient composées d'énergie naturelle. Elles peuvent se manifester sous une forme physique – leur description varie grandement en taille et en couleur en fonction des apparitions – ou sous forme de vibrations lumineuses avec un noyau éblouissant. En fait, certaines fées sont même particulièrement prédisposées à changer de forme, transformant ainsi totalement leur apparence.

« Fées noires, grises, vertes et
blanches
Vous noceuses, au clair de
lune, ombres de la nuit. »

Les Joyeuses commères de Windsor,
de William Shakespeare

Une jolie fée ailée.

Les fées ont des personnalités et un tempérament très différents ; les méchantes fées sont plus particulièrement enclines à changer de forme pour leurs sombres desseins, prenant l'apparence d'une créature innocente comme un animal ou même un bébé. Mais nous étudierons ce genre de fées plus loin (voir page 94).

Les fées sont-elles toujours petites ?

Une idée reçue consiste à dire que les fées sont toutes petites ; mais, comme le souligne en 1893 le poète irlandais adepte de la tradition féerique, W.B. Yeats, dans son recueil *Irish Faerie and Folk Tales* (« Crépuscule celtique ») : « Ne croyez pas que les fées sont systématiquement petites. Tout ce qui les concerne est fantasque, y compris leur taille. Elles semblent adopter la taille et la forme qui leur plaisent. » Nous autres êtres humains, ancrés dans le monde matériel, sommes enclins à attribuer une forme physique même aux êtres spirituels. Yeats croyait que les fées adoptaient toute apparence capable de les rendre plus acceptables pour un individu pris au dépourvu en les voyant. Il estimait qu'elles n'ont pas de forme définie, mais qu'elles se transforment selon leur humeur et la personne qui les voit.

> *« Formes transparentes,*
> *invisibles aux yeux mortels,*
> *Fluidité des corps que dissout la*
> *lumière. »*
>
> *La Boucle de cheveux enlevée,*
> **Chant 2 Alexander Pope (1688-1744)**

Les vêtements des fées

Comme les fées n'ont pas de forme matérielle définie dans le monde physique, elles ne souffrent ni du chaud ni du froid et n'ont donc pas besoin de se vêtir – d'ailleurs, beaucoup ne portent pas de vêtement.

Toutefois, comme elles n'ont pas l'esprit aussi pur que les anges, certaines succombent à la vanité en se parant de beaux vêtements, tandis que d'autres, les fées domestiques ou les elfes, mettent un point d'honneur à bien tenir la maison – qui est la propriété des humains négligés !

Dans la nature, les fées s'habillent parfois de feuilles et de pétales ou se couvrent de gaze pailletée de rosée, et peuvent porter des chapeaux miniatures, tels que des coiffes de digitale. Les apparitions de fées aquatiques sont généralement racontées comme la vision de belles et sveltes femmes nues, couvertes seulement de leur chevelure.

Certaines fées sont connues pour couvrir une partie de leur corps qui les révèle sous un autre jour que ce qu'elles sont réellement. Par exemple, la Dame en vert – ou *glaistig* (voir page 125) dans la tradition féerique celtique – est rapportée comme vêtue d'une longue robe verte couvrant la partie inférieure de sa silhouette (qui est celle d'une chèvre). De cette manière, elle leurre les hommes mortels, qui tombent amoureux d'elle.

Vert, rouge et blanc

D'autres fées peuvent porter des vêtements simples qui les identifient à telle région ou telle tribu. La plupart des personnes à qui l'on demande de quelle couleur s'habillent les fées répondent « vert » sans hésiter, et elles ne sont pas loin de la vérité. Le vert est généralement reconnu comme la couleur de ces créatures, tout spécialement dans les pays celtes. Ainsi, les Dames vertes d'Écosse, étaient, comme beaucoup de fées, connectées avec les morts et portaient donc naturellement du vert, qui est la couleur des défunts chez les Celtes. En raison de la malchance associée à cette couleur, les Écossais ont longtemps refusé de porter cette couleur.

Fall Faerie (Fée automnale), *M.T. Ross, 1914, peinte pour illustrer un livre pour enfants.*

Le rouge est aussi une couleur populaire chez les fées. En Irlande, on dit de certaines tribus de petites fées vivant en essaim (voir page 110) qu'elles portent des manteaux verts et des chapeaux rouges, tandis que les créatures solitaires comme les *leprechaun*, les *cluricaun* et les *fear dearg* optent plutôt pour le rouge. Le poète William Allingham (1824-1889) a écrit :

« Petit peuple, Bon peuple,
vivant en essaim
Veste verte, chapeau rouge
et plume de chouette blanche. »

Il s'agit, semble-t-il, du costume typique associé aux petites fées vivant en essaim. En effet, les créatures du Petit peuple de l'île de Man, qui mesurent environ 1 mètre, sont décrites comme vêtues d'un manteau vert et d'un chapeau rouge et sont accompagnées de chiens de chasse de plusieurs couleurs, souvent vert, bleu et rouge.

Le chapeau rouge semble prisé par toutes sortes de fées domestiques. Les femmes-fées vêtues de vert apprécient une touche de rouge, tout comme les hommes-fées, et peuvent même porter d'adorables petits chaussons rouges. Dans le Somerset (Angleterre), les fées s'habilleraient aussi dans les tons rouges et les *pixies* dans les tons verts.

Les *selkies*, des elfes issus du nord de l'Angleterre, sont supposés porter de la soie

Une fée habillée tout en vert.

blanche étincelante, tandis que les Dames blanches de l'île de Man se parent de satin blanc et que les *tylwyth teg* du pays de Galles se parent de lin blanc.

En opposition à cette splendeur, le *brownie* domestique (voir page 78) ne porte que des haillons – et il risque de s'offenser si un humain lui offre des vêtements neufs. Les lutins, eux, n'ont pas tant de scrupules et la petite fée dont madame Bray rapporte les lamentations :

« Petite fée,
pas un tissu pour la couvrir »

a joyeusement accepté en cadeau des vêtements, en chantant :

> *« Fée heureuse, fée satisfaite !*
> *La fée va maintenant pouvoir*
> *disparaître. »*

L'île de Man est l'un des rares endroits où les fées s'habillent en bleu. Dans un guide sur cette île, publié en 1876, l'épouse d'un fermier aurait déclaré que sa mère avait toujours soutenu voir régulièrement des fées et qu'elle les décrivait comme des jeunes filles « portant une robe bleue et dont les mains sont munies d'écailles, telles celles des poissons ».

Les fées ailées

Une autre idée reçue consiste à penser que les fées auraient toutes des ailes. En fait, nombreuses sont celles qui n'en portent pas ; elles ont néanmoins toutes de grands pouvoirs surnaturels. Les XVIIIe et XIXe siècles ont connu une fascination pour les fées ailées, à une époque où les gens pensaient que ces créatures étaient minuscules. Ces fées dotées d'ailes de la taille d'un dé à coudre sont en fait très minoritaires, même si l'attirance des

> *« À chaque nouveau rayon,*
> *de nouvelles couleurs*
> *éphémères*
> *Des couleurs qui changent*
> *chaque fois qu'elles bougent*
> *leurs ailes. »*
>
> *Le vol de la boucle de cheveux,*
> **Chant 2 Alexander Pope**

Faerie flying with butterflies (Fée volant avec des papillons), *artiste inconnu, extrait du Allers Familij Journal (Suède), 24 juin 1925, page 3.*

humains à leur égard n'est pas surprenante, vu leur beauté et leur bonne nature – en comparaison d'autres habitants du monde féerique.

Les personnes qui ont eu la chance d'entrevoir l'une de ces créatures minuscules ont pu apercevoir des ailes aux couleurs chatoyantes. Sous la lumière, une telle myriade de couleurs – qui provient des puissantes énergies naturelles animant les fées – permet de distinguer ces ailes de celles des insectes.

Les fées, les papillons de jour et les papillons de nuit

Les fées ailées ont toujours été associées aux papillons de jour et aux papillons de nuit. Ces insectes volants font partie de la famille des Lépidoptères – du grec *lepidopteron*, qui signifie « ailes en écailles ». Les ailes des fées sont en effet couvertes de nombreuses écailles minuscules qui s'enlèvent facilement, donnant ainsi l'apparence de poussière éthérée. C'est de là que viendrait la poussière de fée, qui renferme des propriétés magiques.

L'opale de la malchance

Les ailes des fées sont souvent comparées à des opales car elles reflètent de nombreuses couleurs. La superstition selon laquelle les opales portent malheur est apparue parce que les fées possèdent des pouvoirs surnaturels qui peuvent porter chance ou malchance aux gens.

Les fées, les insectes et les oiseaux

Dans leurs différentes formes, néanmoins, les ailes des fées ressemblent beaucoup à celles des insectes. Certaines fées possèdent les ailes étroites et allongées d'une libellule, tandis que pour d'autres, elles sont aussi serrées que chez un bourdon. D'autres encore ont des grandes ailes ressemblant à un vitrail, telles les ailes des mouches.

Contrairement aux insectes, les fées ne se servent pas de leurs ailes pour voler. Elles préfèrent s'asseoir à califourchon sur une tige, surtout une tige ligulaire – qui ressemble à un balai – et s'envolent par magie. On dit aussi d'elles qu'elles volent sur le dos des papillons et des oiseaux, qui sont, semble-t-il, leurs amis dans le monde naturel. Les insectes et les oiseaux sont peut-être pour les fées ce que les chevaux et les chiens sont pour l'homme. Cependant, on rapporte une inimitié de longue date entre les fées et les rouges-gorges ; des artistes du XIXe siècle représentent parfois des scènes de fées tenant un rouge-gorge captif. Ce dernier est une créature déterminée et résolue, ce qui pourrait expliquer une certaine lutte de pouvoir avec le peuple des fées. Nous les humains, nous ne le saurons peut-être jamais.

The Faeries have their Tiff with the Birds (Les fées ont des prises de bec avec les oiseaux), *Arthur Rackham, 1906, encre et aquarelle.*

Les fées sont-elles immortelles ?

Voici encore une chose dont on ne peut être sûr. Le peintre William Blake (1757-1827) a raconté avoir vu une procession de fées traverser son jardin, emmenant une défunte fée sur une feuille de rose. Celle-ci aurait été enterrée en grande pompe, en chantant, avant que ne disparaisse la procession. Beaucoup de gens pensent néanmoins que ces créatures n'ont pas de vie mortelle et que leur « enterrement » n'est que charades où les fées imitent les coutumes humaines.

Les repas et le sommeil

Les fées mangent-elles et dorment-elles comme nous le faisons ? Cela semble en effet probable, car elles apprécient les activités agréables. Nos ancêtres se gardaient de toucher à la nourriture des fées, de peur de devenir prisonniers de ces créatures. Nombre de contes évoquent des mortels qui trébuchent sur leur festin.

Quant au sommeil, quoi de mieux que de profiter d'une chaude journée d'été pour sommeiller ? Ma mère me répétait que les araignées savent quand la journée va être ensoleillée et qu'elles tissent leur toile horizontalement, formant ainsi des hamacs pour les fées de la taille de petites fleurs. (Par temps humide, elles tissent leur toile verticalement, pour que la pluie glisse au travers !)

Guérison magique

Les « fées blanches » – des sorcières bienveillantes qui œuvraient comme guérisseuses avant l'avènement de la médecine moderne – déclaraient souvent que leur connaissance et leurs pouvoirs étaient un don des fées. Au cours des célèbres procès des sorcières au XVIIe siècle en Angleterre, Anne Jeffries, une anglaise condamnée pour sorcellerie en 1646, déclara que ses pouvoirs de guérison lui venaient des fées.

La nourriture des fées

Le partage de la nourriture est une caractéristique des fées, particulièrement pour celles qui vivent à proximité des humains. Nos ancêtres avaient pour habitude de laisser un bol de lait pour elles la nuit. Pendant des siècles, rassembler de la nourriture sauvage dans les champs pour cuisiner, parfumer et brasser était le mode de vie classique. Il y avait presque toujours un bock de bière à la maison, parfumée aux feuilles de pissenlit, aux pointes de genêt ou aux orties – tous ces parfums étaient très appréciés du Petit peuple. Les bières parfumées aux herbes sont légères, pas très fortes et rafraîchissantes ; bref, elles sont idéales pour étancher la soif des humains comme des fées.

Recettes de la fête de mai

La nourriture consommée par les humains dans les temps anciens était tentante pour les fées, qui s'invitaient dans les cuisines, et parfois même y vivaient, grappillant de délicieuses miettes de nourriture.

Lorsque ma grand-mère a emménagé dans son vieux cottage dans le comté de Cork (en Irlande), elle a découvert une petite collection de livres de cuisine mystérieusement laissés là par le précédent propriétaire. Parmi eux se trouvait le petit livre *Les recettes de la fête de mai,* avec pour note sur la page de garde « à l'intention du Petit peuple ». L'ouvrage contenait des petites notes manuscrites – comme :

« *Penser à planter le serpolet près des ruches pour les abeilles* » —pour réaliser des friandises insolites :

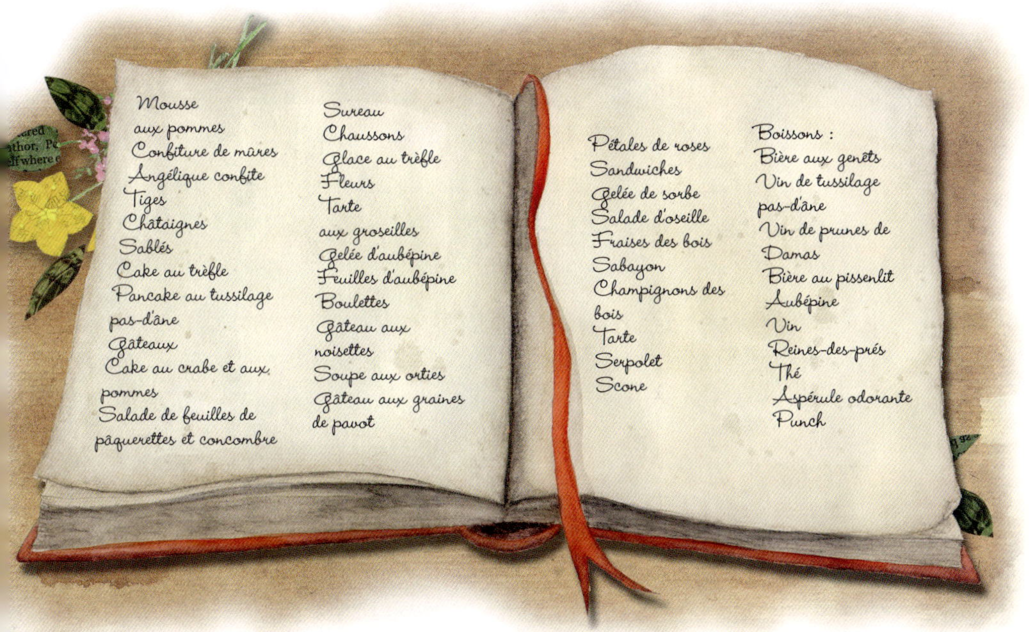

L'enchantement

Les fées ont la capacité à se montrer et à montrer les autres créatures et objets sous une autre apparence que la leur. Il est courant de penser que la beauté surnaturelle de nombre de fées est liée à cette utilisation fascinante de la magie que l'on appelle l'enchantement.

L'enchantement est non seulement le moyen par lequel les fées peuvent être vues des humains – si elles le souhaitent –, mais il leur permet aussi d'apparaître sous la forme de leur choix. Les fées dotées d'une bonne nature apparaissent souvent sous une forme acceptable (et non terrifiante) pour l'homme.

Cendrillon

L'exemple le plus connu d'enchantement féerique se trouve dans le conte de fées Cendrillon – où la fée en question est la Bonne fée, évidemment (voir aussi pages 76-78). Comme Cendrillon ne peut pas aller au bal, où le Destin lui a prédit qu'elle rencontrerait un beau prince, sa marraine, la Bonne fée, use d'enchantement pour changer l'apparence des choses. Ainsi le « fade » et le « banal » deviennent « fascinants ».

La Bonne fée de Cendrillon transforme une citrouille en un magnifique carrosse, un rat en un superbe cocher, six lézards en valets de pied et les guenilles de Cendrillon en « une magnifique robe de soie blanche, brodée de papillons et de fleurs d'un bleu tendre et cousue de fines perles ». Aux pieds très fins de Cendrillon, des souliers de vair , qui joueront un rôle crucial dans le dénouement de l'histoire. Néanmoins, tout n'est pas tel qu'il y paraît et, une fois minuit sonné (une heure synonyme de transformations dans le monde féerique), tout redevient comme avant et Cendrillon se retrouve en guenilles.

Frappé d'enchantement

Les fées peuvent aussi utiliser l'enchantement pour faire apparaître les personnes sous un autre aspect que le leur. Être frappé d'enchantement revient à prendre la forme de son observateur. Dans l'ancien temps, lorsque les fées avaient plus de pouvoirs qu'à notre époque, des histoires passaient de bouche à oreille au sujet de personnes qui, après avoir trébuché sur une fée, étaient

Faerie Lovers in a Bird's Nest Watching a White Mouse (Fées amoureuses dans un nid d'oiseaux, regardant une souris blanche), *Frederick Goodall, vers 1860.*

transformées par enchantement, souvent en souris blanche.

Poussière de fée et enchantement

De nos jours, la poussière de fée peut désigner une métaphore pour quelque chose de précieux qui va transformer l'ordinaire en un événement spécial, rendant la vie agréable malgré tout. Du coup, il s'agit ici d'une manifestation physique de l'enchantement.

Dans la tradition féerique ancestrale, à une époque où les gens étaient moins fascinés par les fées ailées inoffensives que par celles beaucoup plus malveillantes, voire sinistres, qui pouvaient les mettre en péril, il est rarement fait mention de poussière de fée. Certaines versions du conte Cendrillon prétendent que la Bonne fée utilisa de la poussière magique pour transformer Cendrillon, tandis que Hans Christian Andersen parle de « dieu des rêves », un conteur qui souffle de la poussière magique dans les yeux des enfants pour les empêcher de le voir.

De nos jours, néanmoins, les fées sont souvent décrites comme laissant une traînée de poussière en vol ou lorsqu'elles agitent leur baguette magique. Ce n'est pas parce qu'il n'y a pas de fait historique concernant la tradition féerique que la poussière de fée n'existe pas. Et en tous cas, ce concept est plébiscité par les enfants du monde entier.

Perdu dans le monde féerique

Depuis notre monde, il est possible d'entrer dans celui des fées par des portes et des passages secrets ; toutefois, seules ces créatures savent où elles se trouvent et si elles souhaitent s'ouvrir à nous. Il arrive qu'un voyageur trébuche sur une entrée par accident ; parfois aussi, des personnes – souvent des jeunes gens, des jeunes filles ou des enfants beaux – sont volontairement attirés par ruse.

La tradition ancestrale abonde de contes de fées où un enfant est volé et remplacé par un autre (voir page 94). Si d'aventure vous vous retrouviez dans le monde féerique, la tradition veut que vous ne mangiez ni ne buviez rien, sous peine de ne jamais pouvoir revenir dans le monde des humains.

Entrer dans le monde féerique

Il est de notoriété publique que les portes et passages secrets vers le royaume des fées se trouvent principalement dans les tumulus ou dans les forts juchés sur des collines. Les fées faisant partie du monde spirituel qui coexiste avec notre monde physique, sont souvent associées aux défunts. C'est pourquoi on dit de la *banshee* (voir pages 113-114) qu'elle apparaît uniquement lorsqu'un membre de l'une des vieilles familles irlandaises est sur le point de mourir et de rejoindre le plan spirituel.

La plupart des fées vivent dans des lieux cachés où la nature est devenue sauvage. En fonction de l'élément auquel elles sont liées (voir pages 36-51), elles peuvent vivre en sous-sol ou en surface, dans l'eau ou à proximité. Les collines reculées, qui ont pour réputation d'être caverneuses et peuvent ainsi servir de cachette pour de l'or, ou les bois reclus, surtout les forêts de chênes où poussent des campanules, sont susceptibles d'être habités par ces créatures. Certaines fées préfèrent des lieux aériens tandis que d'autres, moins dociles comme les gobelins, se cachent dans les recoins les plus obscurs.

Sous les eaux

Les fées aquatiques les plus perfides vivent au fond des océans. On dit leurs palais splendides, faits de corail rougeoyant ou de coquillages, de galets polis et de pierres miroitantes tel du verre.

On trouve également des fées aquatiques dans des grottes splendides et sur des falaises escarpées. Dans les régions gelées du monde, elles vivent dans des falaises de glace où elles façonnent des murs, des flèches, des remparts, des grottes et des ponts.

An elf peeps at a water faerie (Un elfe regardant furtivement une fée aquatique), *Leo Bates, illustration extraite de la pièce de théâtre pour enfants* Where the rainbow ends (Là où s'achève l'arc-en-ciel), *de C. Mills.*

Les fées aquatiques les plus salutaires vivent dans ou près des courants froids, des rivières, des étangs ou des lacs. On pense que ces créatures sont généralement plus petites que les fées des eaux salées et qu'elles fabriquent leur maison dans des plantes aquatiques ou sur des berges.

Ruines antiques

Les ruines des forts et des châteaux attirent certaines fées, même si dans ces endroits aussi elles auraient coutume de faire leur foyer sous la terre, loin du regard des mortels. Lorsqu'elles tiennent leurs conseils, leurs divertissements et leurs danses, il est possible – si vous collez votre oreille au sol la nuit – d'entendre de la musique féerique captivante monter de la terre. Une fois leur résidence édifiée, ces créatures établissent des règles pour les mortels coupables d'intrusion, à qui elles jetteront un sort s'ils coupent un arbre ou emportent une pierre. Le plus grand danger pour les humains serait de bâtir sa maison sur une propriété féerique.

Les collines creuses

Certaines fées, surtout celles issues de la tradition celtique, comme les *sidhe* irlandais (voir pages 106-107), vivent dans des palais situés dans de belles collines verdoyantes ou dans de gros rochers. Nombre de ces collines creuses existent toujours dans toute l'Irlande, et à chacune sont associés des contes relatant des événements surnaturels. On dit de ces palais féeriques qu'ils sont splendides. Lady Wilde les décrivait comme étant des « grottes de cristal, illuminées par des diamants cloués dans les rochers ».

Il est important de protéger le royaume contre les intrus, de sorte que les fées habitant dans des collines creuses avertissent les voyageurs perdus et les curieux en poussant des cris d'outre-tombe et en déclenchant un orage, avec des vents violents, un rideau de pluie, le tonnerre et des éclairs.

Une fée vivant sous terre.

Souvent, les fées se contentent de décourager les gens ; si cela ne suffit pas, elles jettent un mauvais sort pour gâcher la vie de ces inquisiteurs. Autrefois, les cas de tuberculose coïncidaient avec la visite des collines féeriques chaque nuit, laissant les malades avec les yeux caves au petit matin. Au château Neroche dans le Somerset (en Angleterre), les fées défendaient leur colline contre les chercheurs d'or en instillant chez eux une peur panique. Tous les chercheurs sont morts dans le mois qui a suivi leur expédition. Les simples mortels doivent se souvenir de respecter le monde caché des fées.

L'aspect vert émeraude lumineux d'un paysage, de même que la forme presque conique d'une colline, sont des signes que les fées sont en résidence à cet endroit. Aucun mal n'est fait aux promeneurs innocents et le bétail peut paître à son aise l'herbe nutritive. On dit que les fées sont reconnaissantes envers les personnes qui conservent les pâturages des collines intacts. Si un fermier prend garde de ne pas percer le toit de leur refuge avec une pelle, par exemple, elles manifestent leur gratitude en accompagnant les chevaux et le bétail dans la zone abritée de la colline par nuit orageuse. Longtemps, on a cru que les fées enlevaient chaque soir le sommet des monts – tels des chapeaux – pour qu'ils ne soient pas tachés le lendemain matin.

L'île secrète

Depuis longtemps, on pense que le monde féerique possède sa propre île secrète, connue sous des noms très divers : Avalon, les Iles bienheureuses (ou Iles fortunées), Tir Nan Og (le Pays de la jeunesse), Tir Nam Beo (le Pays des vivants), Tirn Aill (l'Autre monde), Mag Mor (la Grande plaine), Tir Tairngire (la Plaine du plaisir), Tir Tairngire (la Plaine du bonheur), Tir-na-n'Og (le Royaume périlleux) et Tirfo Thuinn (le Pays sous les vagues). Ce dernier nom se rapporte à la croyance selon laquelle l'île serait submergée le jour mais qu'elle remonterait à la surface la nuit. Cette île est notée sur les anciennes cartes, où une grande rivière la sépare en deux ; par le passé, de grandes expéditions ont été menées pour la trouver, mais nous ne savons pas si elle a été trouvée ou non. Les fées ne voient pas les intrus du monde mortel d'un bon œil ; aussi, les personnes qui auraient découvert l'île féerique ont toutes les chances d'y être restées captives.

Carte de l'île secrète des Fées.

Les sentiers des fées

Les fées ont établi leurs sentiers favoris dans certaines régions, notamment celles couvertes de forêts denses, de torrents bouillonnants et de rivières et dans les zones où les collines s'offrent à perte de vue, parsemées de vallées luxuriantes. Depuis des lustres, les fées considèrent ces chemins comme l'équivalent d'un droit de passage, au point que les maisons construites sur ces sentiers sont tourmentées.

À l'exemple de cette maison, située en Irlande, où retentissaient la nuit des bruits inquiétants et des sons tels des chuchotements renfrognés derrière les murs. Les propriétaires dormaient mal et étaient tourmentés par toutes sortes de cauchemars, se réveillant perturbés et mécontents. À la moindre petite brise, la maison était secouée si fort qu'elle paraissait sur le point de s'écrouler. Comme aucun problème lié à la construction de la maison n'avait été détecté, les propriétaires désespérés firent appel à un voyant. Avec son aide et celle d'un historien des environs, il fut conclu que l'un des angles de la maison se trouvait sur un sentier féerique. Cet angle fut retaillé et, étonnamment, le calme revint dans la maison et ses propriétaires retrouvèrent le sommeil.

En Irlande, les croyants en ce monde féerique plaçaient la porte arrière de leur maison en face de la porte d'entrée principale pour que les fées puissent passer librement dans la maison lorsque les deux portes étaient ouvertes. Il s'agissait de respecter le « Petit peuple », que les humains souhaitaient contenter.

Les sentiers féeriques favoris

Les fées préfèrent suivre les chemins familiers, susceptibles de traverser des endroits précis :

des lieux comprenant nombre de fleurs sauvages
des croisements les berges des rivières
des clairières le littoral
de vieux sentiers
des cages d'escalier et des couloirs dans les vieilles maisons
les côtes où un estuaire débouche sur la mer

De la forêt à la ville

Nos ancêtres vivaient dans un monde bien moins peuplé qu'il ne l'est maintenant, et où les terres sans propriétaire – souvent des forêts sombres et impénétrables – s'étendaient à perte de vue. Le long des côtes inhospitalières, des grottes humides, froides et lugubres offraient peu de répit. La terre mauresque offrait des marécages traîtres et des vallées inexplorées. C'est dans ces paysages que vivaient les fées.

Les voyageurs s'aventurant sur ces terres sauvages et inconnues s'égaraient souvent, parfois jusqu'à leur perte, par la ruse du Petit peuple, mais ils n'étaient pas les seules victimes des enchantements féeriques et de la malveillance. Ces personnes qui avaient perdu leur esprit, soudain plongeaient dans la dépression et la maladie inexpliquée, de même que les animaux qui tombaient malades pour d'insondables raisons, auraient eux aussi offensé les fées d'une certaine manière, d'où l'ensorcellement qui les frappait.À mesure que la population humaine se multipliait et s'appropriait les terres non réclamées – tout du moins par des gens –, les fées, surtout celles de nature vengeresse, perdaient beaucoup de leur pouvoir. Hostiles aux personnes, elles se sont retirées dans les zones sauvages qui restaient, tandis que celles de nature plus affable demeuraient – à savoir les fées bienveillantes, mais aussi les farceuses du monde féerique qui aiment jouer des tours inoffensifs mais énervants.

Vie citadine

Jusqu'au XXe siècle, beaucoup de gens avaient rencontré des fées et la plupart se sont adaptés à la vie avec ces êtres fantasques. Certains possédant le don de Vue (voir page 156) étaient issues de générations de campagnards qui gardaient les vieilles croyances intactes ; d'autres « voyeurs » de fées étaient des visionnaires, des poètes ou des artistes refusant de se laisser influencer par les sceptiques qui, selon les mots de William Blake, ne peuvent que « voir avec les yeux, et non avec les yeux de l'imagination ».

De nos jours, cependant, il semble que les fées soient devenues prudentes vis-à-vis des humains, les rendant responsables de la destruction de leur habitat (le monde naturel) et provoquant le déplacement de forêts et plus spécialement des fleurs affectionnées par elles. Qu'est-il arrivé à ces créatures déplacées ? Une explication consiste à dire qu'elles se seraient réfugiées dans des cachettes.

> *« Ceci, tu dois le savoir, est le moyen le plus courant pour les fées de disparaître : elles s'enferment dans une tour ou dans un chêne creux et ne réapparaissent jamais. »*
>
> **La Belle au bois dormant.**

Toutefois, il a été rapporté récemment des signes de l'existence de fées vivant dans les villes et les mégalopoles. Tout d'abord, la ville de Ann Harbor, dans le Michigan (États-Unis) a été citée dans les médias car le nouveau propriétaire d'une maison, Jonathan Wright, y a découvert une porte minuscule sous son escalier. Depuis lors, une vingtaine d'autres portes de ce type ont été découvertes dans la ville, dont les habitants concernés ont accepté l'idée de partager leur foyer avec des fées. Il n'existe pas de témoignage visuel de quiconque aurait érigé ces portes miniatures et, comme l'admet Jonathan Wright, il pourrait demander à ce qu'elles soient répertoriées mais cela lui enlèverait le plaisir de les trouver.

Il est donc possible que les citadins vivent plus près des fées que jamais auparavant ; toutefois, ce ne sont pas les êtres réellement perfides que nos ancêtres devaient combattre ; ce dont il faut se réjouir. Nous sommes néanmoins tout à fait susceptibles de devenir la cible de fées farceuses (voir page 87 pour découvrir si vous vivez déjà à côté de ces créatures malveillantes). Les fées bienfaisantes nous apportent la chance et nous guident dans la vie ; vous voudrez donc sûrement accueillir ces créatures dans votre foyer. Pour découvrir comment créer une maison que les fées bienveillantes visiteront – et peut-être même habiteront – lisez les pages 150 à 153.

Une bonne fée dans la ville.

La musique féerique

La musique féerique est si enchanteresse qu'à son écoute, un mortel pourrait bien succomber à la rêverie à tout jamais. Les personnes qui se laissent ravir par cette musique perdent tout espoir de s'engager dans la vie des mortels et les pires sorts risquent fort d'attendre ces affligés.

Certaines personnes qui entendent ces musiques obsédantes deviennent mélancoliques et passent le reste de leur vie à attendre quelque chose qui leur semble à jamais hors de portée. D'autres personnes, en entendant vibrer un air féerique, sont contraintes de danser jusqu'à l'épuisement, voire jusqu'à la mort. Il nous parvient de la tradition féerique des histoires de gens ayant dansé jusqu'à usure totale de leurs orteils.

Le quadrille écossais féerique

Attirées par la musique, y compris celle des mortels – notamment les sons du crincrin et du violon –, les fées hantent souvent la vie des musiciens. Les musiciens populaires en particulier ont souvent décrit leurs rencontres inopinées avec des fées, et les musiciens de grand talent courent le danger d'être attirés dans le monde féerique par ruse et d'y demeurer. Dans la tradition féerique écossaise, par exemple, Thomas le Rimeur* a disparu comme par enchantement pour divertir la reine des fées pendant sept ans.

Les aptitudes des violoneux étaient souvent considérées comme extérieures à notre monde, à tel point que la pliure à leur cou était appelée « la marque du démon ». Parfois, les violoneux accordaient le rythme de la musique féerique qu'ils entendaient au leur. Cependant, pour être sûrs de

* *NdT :* de son vrai nom Thomas Learmonth d'Erceldoune.

The Faerie Dance (La danse des fées), *Robert Alexander Hillingford, huile sur toile.*

montrer suffisamment de respect aux fées, ils nommaient leur air « le quadrille écossais des fées », par exemple, pour éviter que celles-ci ne cherchent vengeance.

L'intensité de la vision créatrice laissée à un musicien touché par le génie de la musique féerique pourrait laisser celui-ci épuisé, l'œil caverneux et amaigri au point que le génie soudain s'envole ou que la mort arrive prématurément. Comme le rapporte Lady Francesca Wilde, écrivain et poète ayant réalisé une étude sur les légendes féeriques irlandaises :

« Comme la nature sauvage et capricieuse des fées, ces douces

harmonies avec leurs rythmes mystiques et mélancoliques semblent toucher au plus profond les sentiments. »

Le sortilège de la harpe féerique

Dans ses écrits sur la tradition féerique irlandaise, Lady Wilde relate l'histoire d'une victime d'enchantement féerique, de celles dont on entendait souvent parler à une époque en Irlande. En entrant dans une cabane du comté de Clare, un homme vit une jeune fille assise près du feu, chantant une chanson mélancolique. À sa demande, elle lui répondit qu'elle avait un jour entendu la harpe féerique.

Ceux qui entendent la harpe féerique perdent toute mémoire d'amour et de haine, et oublient toute chose, n'ayant plus à l'esprit que la musique douce de cet instrument magique. Si un tel sortilège est rompu, le mortel dépérira rapidement, jusqu'à en mourir.

Les cercles féeriques

Avec l'amour de la musique vient la joie de danser. Les fées dansent avec un abandon total, souvent dans une sorte de quadrille écossais en cercle. Les cercles féeriques, des marques circulaires où l'herbe a disparu, apparaissent où les pieds dansants et sautillants des fées ont touché le sol, comme l'a décrit le poète W.B. Yeats :

« Les fées dansent dans un lieu à part, remuant leurs pieds blancs tel du lait dans un cercle… »

La tradition féerique ancestrale relate des cas de mortels attirés par la musique

L'esprit du ceol-sidhe

Les refrains poignants du *ceol-sidhe* (prononcer *kayol-shi*), qui est la musique des fées communautaires irlandaises (voir page 110) ont pris leurs marques sur la musique populaire irlandaise, exprimant souvent les vifs sentiments tristes de tous ceux qui ont un jour été en contact avec le monde féerique. Cette musique est pervertie par un doux abattement, une sensation que la joie est juste inaccessible et la prémonition d'un mauvais sort inconnu. Malgré tout, les notes douces et tristes des mélodies emplissent l'esprit et favorisent l'agitation. Dans la tradition féerique, le charme subtil de la musique féerique endort les mortels dans l'oubli de toute chose, et les mène parfois même dans le sommeil de la mort.

symbolique, qui entraient dans le cercle féerique et ne pouvaient résister à se joindre à la danse. Dans la temporalité des fées, ce qui ressemble à une minute peut en fait durer des heures, si bien que la victime de cet enchantement s'évanouit d'épuisement.

Certaines personnes sont emmenées dans le monde féerique, tandis que d'autres sont laissées dans le monde des mortels – mais pour le reste de leur vie, elles semblent distraites et « ailleurs avec les fées ».

Three faerie musicians fly through the air (Trois fées musiciennes volant dans les airs),
E. Gertrude Thomson, illustration pour Les Fées, *de William Allingham.*

Un conte de la tradition féerique irlandaise

Nombreux sont les contes irlandais qui narrent comment des mortels ont fait la rencontre hasardeuse de fées, mais cette histoire, racontée de plusieurs manières, est l'une des plus fascinantes. Comme c'est si souvent le cas chez les fées, leurs centres d'intérêt sont la musique et la danse, la beauté et l'enchantement.

Au soir du dernier jour d'octobre, lorsque les pouvoirs du monde surnaturel sont renforcés, la plus belle jeune-fille du village de Doneraile, dans le comté de Cork, sortit se promener. C'était une journée douce et clémente et elle s'aventura plus loin qu'elle ne l'aurait fait habituellement. C'est alors qu'au-dessus d'elle, elle entendit les faibles notes d'une musique captivante et elle quitta son chemin pour la suivre.

Se trouvant vite face à une foule de fées en fête, elle fut apeurée et tenta de s'enfuir, mais réalisa que cela était impossible. La foule se fendit et un beau prince-fée lui tendit la main. Fascinée par ses yeux charmeurs et sa belle apparence, elle prit sa main et il la conduisit dans le cercle féerique, l'invitant à se joindre à la danse. La lune et les étoiles semblaient tourner autour de sa tête et ses pieds ne lui faisaient pas mal car elle avait la sensation de flotter. Rien d'autre n'existait pour elle que la douceur de la musique et le regard soutenu de son galant.

Alors que la lune se cachait, la musique cessa. Devant la foule de fées, la terre s'ouvrit et découvrit une volée de marches argentées conduisant à une superbe salle de banquet scintillante sous la lumière des chandeliers parsemés d'étoiles qui flottaient au-dessus de leurs têtes. Le prince-fée lui offrit un beau gobelet en or, d'où se dégageait un parfum de nectar sucré. La jeune-fille se souvint que sa grand-mère l'avait avertie de ne jamais boire de boisson féerique ni manger de nourriture féerique où elle serait à jamais perdue pour sa famille. Elle fit donc une pause.

Devant son hésitation, la foule des fées enragea et se massa autour d'elle. En proie à

la panique, la jeune fille tourna le dos au prince et monta en courant les escaliers argentés qui montaient maintenant en une spirale sans fin, de sorte qu'elle ne pouvait remonter en surface. Elle s'approchait de l'ouverture mais celle-ci restait toujours juste au-dessus de sa tête, et elle s'accrochait aux plantes et aux brins d'herbe qu'elle trouvait à portée de mains. À son grand étonnement, elle réalisa qu'elle avait cueilli une branche de lierre rampant, dont sa grand-mère lui avait dit que c'était une remarquable défense contre la magie féerique. Tenant la plante dans sa main, elle regagna l'extérieur et courut plus vite que jamais pour atteindre sa maison sécurisante dans le village, tout en continuant à entendre les voix des fées en colère derrière elle.
De retour chez elle, porte barrée, la jeune-fille alla se coucher mais toute la nuit, elle rêva de la musique féerique et vit dans son sommeil le prince-fée lui dire doucement : « Tant que tu détiens ce lierre rampant, nous n'avons plus de pouvoir sur toi, mais j'attendrai que tu reviennes danser sur notre musique dans notre vallon féerique. Et alors, je te prendrai pour épouse et te tiendrai prisonnière dans le monde féerique et tu ne rentreras plus jamais chez toi. »
Étant une fille sensée, elle résolut de ne jamais plus se promener en période d'Halloween et de rester à proximité du village. Elle garda précieusement la branche de lierre et les fées ne la troublèrent jamais plus. Cependant, il lui fallut longtemps pour oublier le son de la musique féerique sur laquelle elle avait dansé cette fameuse nuit dans le vallon avec son prince-fée. Même lorsqu'elle devint une vieille dame qui avait construit une famille, il lui arrivait encore la nuit de rêver qu'elle flottait dans les bras de son beau prince sur la musique enchantée, et elle se réveillait alors, surprise d'être si âgée. Dans ses rêves enchantés, elle était toujours jeune et pouvait danser jusqu'à ce que disparaissent la lune et les étoiles.

L'air, la terre, le feu et l'eau

Dans le monde féerique, comme sur la terre, la nature comprend quatre éléments vitaux : l'air, la terre, le feu et l'eau. La plupart des fées se rattachent à l'un de ces éléments en fonction de leur caractéristique naturelle. Celles liées à l'air sont souvent appelées sylphes (sylphides, au féminin), tandis que les lutins et les farfadets de l'élément eau vivent en harmonie avec les torrents, les rivières et autres cours d'eau.

Lorsque nous pensons aux fées, nous sommes tentés d'imaginer celles de l'élément air, notamment les fées ailées dont sont friands les écrivains et les artistes. Il existe toutefois des créatures féeriques liées à d'autres éléments. L'alchimiste suisse Paracelse décrivait au XVIe siècle « les sylphes de l'air, les salamandres du feu, les nymphes de l'eau et les gnomes de la terre ».

Alexander Pope adhérait à cette description des fées et y ajoutait ceci : « Les gnomes, ou démons de l'eau, se complaisent dans la méchanceté ; mais les sylphes, qui habitent dans les airs, sont les créatures les mieux disposées qui soient. »

Les devas, « les lumineux »

Les fées de la nature feraient partie du royaume dévique, un ordre qui prend soin de toutes les choses de la nature, de la météorologie aux plantes en passant par les paysages, l'eau et le feu. Les *devas*, appelés aussi « les lumineux », président cet ordre féerique. Ils sont plus proches des anges, d'une grande intelligence et capables de protéger et de guider la nature grâce à leur compréhension du plan divin.

Sylph faerie of the air (Sylphide des airs), *Arthur Rackham, illustration de l'édition 1908 de l'ouvrage* A Midsummer Night's Dream (Rêve d'une nuit d'été).

L'air

Selon la tradition féerique, les sylphes aériens peuvent prendre forme humaine pendant de courtes périodes et, grâce à leur aptitude au polymorphisme, leur taille peut varier de celle d'une personne à celle d'un petit insecte. Des apparitions de ces créatures permettent de suggérer qu'elles portent des ailes.

Bien que les gens aiment à considérer les fées aériennes comme douces et gentilles, elles peuvent en fait être versatiles et même capricieuses. Leur nature est aussi changeante que la météorologie. Les fées têtues sont depuis longtemps connues pour se cacher derrière une météo venteuse et étonnante, et sont connues sous différents noms selon les pays, de Vejopatis en Lituanie à Mbo en Birmanie.

Néanmoins, ces fées sont généralement bien disposées envers les humains. En fait, on pense qu'elles agissent comme des muses pour les personnes investies dans les arts créatifs, murmurant des mots d'inspiration à l'oreille des musiciens, des peintres et autres artistes. Nombre de sylphes sont très évolués, rassemblant les quatre éléments : leurs ailes symbolisent l'air, leurs jambes, la terre, leur rayonnement, le feu et leur polymorphisme, l'eau.

Toutefois, ces sylphes ne sont pas les seuls êtres aériens. D'après une rumeur, d'immenses créatures

Une muse féerique.

féeriques ressemblant à de grands dragons avec une tête énorme, un long corps et une queue sinueuse vivraient en altitude et incarneraient la puissante énergie naturelle.

La terre

Les fées terrestres sont petites, de couleur brun doré ou vert foncé et vivent en communautés animées et sociables. Elles remplissent un rôle important dans le royaume dévique, aidant à stimuler la croissance des plantes et des arbres. Malgré leur impatience envers les humains, qui les considèrent comme nuisibles, ces fées sont totalement inoffensives. Elles aiment les pierres colorées et les collectent souvent pour les stocker comme un trésor secret.

Les gnomes : gardiens et forgerons

Bien avant que J.K. Rowling n'écrive sur Gringotts dans la série Harry Potter, les gnomes avaient été identifiés comme étant des créatures puissantes issues du monde féerique, considérées comme protectrices des trésors secrets cachés dans des grottes souterraines. Ils étaient également les meilleurs forgerons. Dans la tradition féerique, Wayland et un forgeron connu pour fabriquer d'excellentes épées féeriques.

Ne jamais trahir un gnome

Méfiants envers les humains, les gnomes rechignent généralement à avoir à faire à eux. Toutefois, si une personne gagne la confiance d'un gnome, elle aura acquis un allié utile. En revanche, prenez garde de ne jamais trahir un gnome. Un tel acte est extrêmement dangereux car ces créatures se montrent des ennemis impitoyables et ils se vengeront sûrement.

Bien que les gnomes soient liés à l'élément terre, ce sont en fait des fées des rochers, gardiennes de toutes les richesses de la terre qui n'aiment pas être volées par les humains. La plupart des communautés minières connaissent des légendes de gnomes revêches (et de leurs proches parents, les nains) coupant des cordes et des étaiements. Des gnomes et des nains auraient un jour été contraints par les mortels de travailler dans des mines souterraines. Cependant, les forcer à travailler contre leur volonté était une dangereuse entreprise car ils sont réputés pour garder rancœur jusqu'à la fin des temps et de toujours prendre leur revanche.

Une fée terrienne.

Les gnomes habitent au centre de la terre. Dans de nombreuses traditions, on dit qu'ils peuvent marcher ou nager dans la terre sans plus de difficultés que nous n'en avons à marcher dessus. En tout cas, en tant qu'habitants du monde féerique souterrain, les gnomes et les nains doivent se protéger du soleil car un seul rayon les changerait en roc, et ce même s'ils apparaissent parfois à la surface en plein jour sous la forme de crapauds.

Les gnomes des mines celtes

Les anciennes communautés celtiques des bassins autrefois miniers, comme les Cornouailles ou le pays de Galles, croyaient que les mineurs mortels partageaient leur lieu de travail souterrain avec des êtres surnaturels – les *knockers* étaient les gnomes des mines d'étain des Cornouailles, tandis que les *coblynau* habitaient les mines galloises.

Les *knockers* des Cornouailles ont gagné leur nom à cause des petits coups (*knock*, en anglais) qui résonnaient sur les murs des mines juste avant un effondrement. Pour certains mineurs, ces créatures étaient malveillantes et les petits coups qu'ils entendaient étaient provoqués par ces génies martelant les murs et les structures de soutien pour les faire s'effondrer. D'autres mineurs voyaient plutôt ces êtres féeriques comme des génies espiègles mais bien intentionnés et ils considéraient leurs cognements comme un moyen d'avertir les mineurs pour leur donner une chance de sauver leur vie. Pour les en remercier et empêcher une autre catastrophe, les mineurs leur jetaient le dernier morceau de leurs pâtisseries dans la mine.

Pour les gnomes, les *coblynau* des Cornouailles étaient des êtres généreux qui aidaient en fait les mineurs en cognant dans des zones comprenant de nombreuses veines de minéraux ou de métal. C'est le son de leurs minuscules pioches féeriques qu'entendaient simplement les mineurs.

Les fées des bois

Bien que les fées des bois soient généralement solitaires, leur habitat les rapprochent souvent des mortels. Les Grecs anciens les appelaient dryades (voir page 122), tandis qu'en Malaisie, elles portaient le nom de *bariaua*, c'est-à-dire des êtres surnaturels bons et timides. Dans la tradition celtique, on les nomme les hommes verts et les femmes vertes et dans l'ouest de l'Angleterre, on dit que « les fées vivent dans de vieux chênes ».

Dans la tradition féerique italienne, ils étaient appelés *silvani* (hommes des bois) et *silvane* (femmes des bois), tandis que les *folleti* étaient de petits esprits des bois malicieux. Les fées des bois existaient aussi dans la tradition féerique germanique, où elles enseignaient aux gens à préparer des remèdes naturels. Il fut un temps où l'on faisait cuire une miche de pain que l'on déposait quelque part à l'intention de ces petites fées utiles, appelées alors « femmes des bois ». Ces créatures ont rarement été considérées comme dangereuses, à l'exception des *saci* du Brésil, qui ne sont pas dignes de confiance car ayant parfois causé du tort aux mortels.

Certaines fées des bois sont attachées à un arbre en particulier. Elles ne s'en éloignent jamais trop et peuvent même revenir s'y cacher si un intrus les apeure. D'autres fées des bois font leur foyer dans les racines noueuses et tortueuses des vieux arbres.

Les *Knockers* sont des esprits miniers des Cornouailles.

Le feu

Les salamandres, c'est-à-dire les fées de l'élément feu, sont les créatures les plus puissantes de tout le royaume dévique. Elles logent sous terre dans des régions volcaniques et fournissent l'énergie nécessaire aux éruptions terrestres et à l'apparition des éclairs dans un ciel orageux. Sans ces fées, nul feu : vous ne pouvez pas craquer une allumette sans la présence d'une salamandre. Si vous devez allumer un feu de camp, appelez les salamandres, elles vous y aideront.

Comme d'autres fées de la nature, les salamandres sont affectées par l'humeur des mortels avec lesquels elles entrent en contact. C'est pourquoi toute personne qui manifeste une grosse crise de colère ou un caractère ombrageux provoquant une atmosphère désagréable à la maison ou au travail, risque d'inciter les salamandres à semer le trouble.

Il existe de nombreuses familles de salamandres, qui diffèrent par leur taille et leur apparence. Certaines personnes les voient sous la forme de boules de feu, mais la plupart les perçoivent plutôt sous une forme approchant celle de lézards d'environ un mètre de long – même si elles peuvent s'allonger ou se rétrécir à leur guise

Le basilic

Cette créature associée au feu possède le corps et la tête d'un énorme serpent doré, mais avec sur la tête une crête rouge rappelant celle du coq. Le basilic a deux bras, qu'il utilise pour ramper plus vite et pour maintenir l'avant de son corps relevé. Il est très venimeux et réputé haïr les humains. Les basilics vivant sous terre, il est donc heureusement rare pour une personne d'en croiser un, et celles qui ont croisé leur chemin n'ont probablement pas survécu, et ne peuvent donc en parler.

Les fées des foyers

Les fées des foyers tenaient une place importante parmi les fées domestiques associées au feu. Dans beaucoup de pays, les gens leur rendaient hommage quand elles leur avaient donné du feu. Ceux qui s'en affranchissaient couraient un risque, et la tradition féerique regorge d'histoires relatant la revanche de fées des foyers offensées. En Lituanie, les *aitvara*, d'autres fées des foyers associées au feu, apparaissaient parfois en dragons volants.

Un arbre à fées, foyer des fées des bois.

En Russie, les *domovoï* vivaient derrière les cheminées et les familles les appelaient respectueusement « grand-père » ou « Lui ». Il était conseillé de les ménager car ils pouvait brûler la maison s'ils étaient offensés. Lorsqu'une famille déménageait, elle accueillait sa fée des foyers dans son nouveau logis à l'aide d'une baguette magique de l'ancienne cheminée pour la faire apparaître.

En Angleterre, les fées des foyers, connues sous le nom de *drake*, étaient les bienvenues dans les maisons, où elles étaient perçues comme des créatures bienveillantes : non seulement elles bénissaient les cheminées, mais elles multipliaient le bois de chauffage et le gardaient au sec, tout cela en échange d'un toit.

L'eau

Les fées des eaux – ou lutins – ont pour nom plus classique les ondines. Belles et gracieuses comme l'eau même, on peut les voir parfois surfer sur les vagues de l'océan. On les trouve aussi dans les étangs rocheux, les marécages, les rivières, les lacs, les cascades et dans toute autre source d'eau non polluée. Les ondines sont couvertes d'une substance miroitante ressemblant à de l'eau et qui brille de toutes les couleurs de la mer, avec une prédominance de vert.

La tradition féerique nous enseigne que les ondines ressemblent beaucoup aux humains en taille et en aspect, sauf celles des petits cours d'eau et des étangs. Elles construisent leur abri dans des grottes de corail sous l'océan, sur les berges des lacs

Un lutin aquatique.

ou sur le bord des rivières. Les ondines des étangs, plus petites, vivent sous les feuilles des nénuphars et dans des tunnels aquatiques formés par les mauvaises herbes, tandis que celles en charge des devas (voir page 36) favorisent la croissance des plantes aquatiques et impriment le mouvement de l'eau avec leur énergie.

Les rusalki, fées aquatiques polonaises

Dans la tradition féerique polonaise, les *rusalki* sont les reines des fées. Durant six mois, elles vivent dans l'eau, où seules les sorcières osent nager avec elles. Lorsqu'elles sortent de l'eau, elles deviennent des fées aériennes, se joignant aux dieux du tonnerre et provoquant au printemps des coups de tonnerre, des éclairs et des pluies à travers le pays. Un jour, pour remercier les *rusalki* d'apporter la pluie dans les champs et les forêts, la population plaça des couronnes de fleurs sur l'eau pendant les festivals du printemps et les gens dansèrent en cercle pour célébrer ces fées aquatiques bénéfiques.

Les Bonnes dames

Beaucoup de fées aquatiques apparaissent comme des femmes d'une beauté et d'une gentillesse merveilleuses. En Espagne, par exemple, les Dones d'Aigua, jeunes fées catalanes des eaux, sont toujours gentilles envers les humains. Elles préfèrent vivre dans de l'eau claire provenant souvent de puits, de sources, de fontaines et de lacs, même si on peut les trouver près des bois et des grottes. La moitié de leur corps peut prendre l'apparence d'un poisson ou d'un oiseau. Elles sont souvent les gardiennes de magnifiques trésors.

Les minuscules *asrai*, qui semblent vivre dans les comtés de Cheshire et de Shropshire en Angleterre, remontent des profondeurs de leurs abris aquatiques une fois tous les cent ans et doivent être de retour avant le crépuscule, sous peine de mourir. Du folklore féerique nous vient l'histoire d'un pêcheur qui en attrapa une et décida de la ramener à terre, malgré ses cris. Au moment où il arrivait au port, les cris de la créature avaient cessé. Il ne restait plus d'elle qu'une flaque d'eau et une zébrure sur les mains du pêcheur à l'endroit où il l'avait touchée pour l'attacher.

En Irlande, la fée aquatique *bean-fionn* porte une robe blanche et vit dans les lacs et les cours d'eau. On dit qu'elle en sort pour saisir les enfants jouant dans l'eau ou à proximité et les attirer au fond de l'eau, bien que cela puisse tout à fait être une invention de parents inquiets. Dans la tradition féerique, la fée *bean-fionn* était connue pour être très protectrice des enfants et un baiser de sa part pouvait rendre un enfant quasiment indestructible. Cependant, elle pouvait noyer tout adulte qu'elle voyait faire du mal à l'un d'eux.

Il lui arrivait d'être bonne avec les voyageurs perdus, les guidant dans la bonne direction. En Angleterre, on l'appelle Jenny Greentooth, la « femme à la dent verte ».

Les fées marines

Toutes les mers du globe ont leur population de fées, parfois connues sous le terme générique d'océanides. Chaque culture lui a donné un ou plusieurs noms, mais elles partagent un trait commun : ce sont généralement des femmes, à peu près de la taille d'un humain, d'une beauté mystérieuse malgré une certaine adaptation à leur vie aquatique, comme par exemple des pieds palmés ou même une queue de poisson (voir les sirènes, pages 48-49). Une rumeur prétend que les fées marines masculines existeraient aussi et qu'elles sont très laides. Par exemple, les *nucklelavee*, des fées masculines vivant dans les

Sea nymphs (Nymphes aquatiques), *Warwick Goble, 1920, illustration du livre* The book of Faerie Poetry (Livre de poésie féerique).

mers entourant l'Écosse, ont une silhouette mi-homme, mi-cheval, un visage laid et un mauvais caractère. Ces êtres sont extrêmement malveillants envers les humains. Il est facile de savoir si l'un d'eux est près de vous car ils sentent le poisson pourri.

Urisk est une autre fée écossaise, qui hante les étangs. Cette créature masculine est si seule qu'elle tente de se faire des amis parmi les humains ; toutefois, son apparence terrifiante les repousse généralement.

Les *mermen*, équivalents masculins des beaux *merrows* irlandais, sont décrits comme extrêmement repoussants. Couverts d'écailles, ils ont un nez de cochon et de longues dents pointues. Il n'est pas étonnant que ce soit les *merrows* qui apparaissent aux mortels.

C'est peut-être à cause de la laideur des hommes-fées marins que les délicieuses femmes-fées ont été souvent vues kidnappant de beaux et jeunes mortels, en particulier des marins, qu'elles ont plus de chance de rencontrer. Les fées les mieux intentionnées sauvent ces derniers en cas d'orage, tandis que les méchantes les attirent sous les vagues même par temps calme.

Les fées aquatiques radieuses

Voici juste quelques-unes des fées aquatiques féminines connues dans le monde pour leur beauté :

Les *nixes* (Angleterre) : fées des rivières à la peau blanche translucide, aux dents vertes et aux cheveux d'un vert d'étang ; portent parfois un chapeau vert.
Les *fenetten* (Allemagne) : superbes fées féminines des rivières.
Les néréides (Grèce) : douces et séduisantes.
Les *loireag* (Hébrides, Écosse) : fées aquatiques musiciennes, qui punissent tous ceux qui chantent faux.
Les *bonga* (Inde) : belles jeunes filles.
Les *merrows* (Irlande) : fées marines qui cherchent à séduire les hommes mortels.
Les *alvens* (Hollande) : fées translucides pouvant voyager dans les airs dans une bulle d'eau.
Les *wraiths* aquatiques (Écosse et îles Shetland) : fées aquatiques éthérées qui attirent les marins pour les noyer.
Les *selkies* (Écosse) : fées aquatiques pouvant se transformer et prenant souvent l'apparence de phoques.
Les *Källräden* (Suède) : jeunes filles enchantées.

Les sirènes

Le folklore marin compte nombre d'apparitions de sirènes, dont les descriptions sont très ressemblantes. La partie supérieure du corps d'une sirène est celui d'une belle femme aux longs cheveux ondulés telles des algues, tandis que sa partie inférieure dévoile une grande queue de poisson aux écailles luisantes.

Le meilleur moment pour apercevoir une sirène est le clair de lune, quand elles sont assises sur un rocher juste au large, peignant leurs cheveux et admirant leur reflet dans un miroir incrusté dans un coquillage.

Comme les sirènes ordinaires, elles attirent les hommes à elles avec leur chant sinistrement beau. Elles sont beaucoup craintes car elles semblent causer la noyade de beaux jeunes gens. Ainsi, apercevoir une de ces créatures est considéré de mauvais augure, prédisant un orage et une mer déchaînée.

Comme ce mauvais temps offre aux sirènes des opportunités de s'emparer des beaux jeunes gens qu'elles désirent, il est probable qu'elles apparaissent au monde des mortels dans ces moments-là. Elles conduisent leurs victimes sur une terre féerique sous les vagues et leurs corps ne sont jamais retrouvés, ou bien un morceau de bois flotté ou tout autre objet est changé en l'apparence du jeune homme, qui est alors rejeté sur la plage.

Les sirènes offrent parfois des cadeaux aux mortels, tels que des pouvoirs magiques, mais le prix à payer est élevé. Dans la tradition féerique des Cornouailles – nombre de contes sur les sirènes entourent la côte sud-ouest de l'Angleterre –, un pêcheur nettoyant la plage trouve parfois une sirène échouée et l'aide à regagner la mer. Pour le remercier de ses efforts, la fée peut lui accorder trois vœux. Pendant un certain temps, environ sept années, le pêcheur utilise les dons magiques qui lui ont été conférés à son propre bénéfice ou pour aider ses pairs, selon son caractère. À la fin de cette

Mary Player

Une sirène anglaise du nom de Mary Player, peut faire couler un navire simplement en en faisant trois fois le tour. Un vers de mirliton de pêcheur, adapté d'un vieux poème allemand, relate son histoire :

... Elle fit trois fois le tour de notre vaillant navire,
De notre navire elle fit trois fois le tour.
Et elle en fit encore trois fois le tour,
Et nous coula au fond des mers.

The Little Mermaid pines for her beloved (La petite Sirène soupirant pour son bien-aimé), *carte postale d'un artiste inconnu.*

période, la sirène vient réclamer sa rançon – la vie du pêcheur. Non seulement elle l'attire vers les profondeurs, mais tous les sept ans, l'un de ses descendants perdra la vie en mer.

La petite Sirène

La sirène la plus célèbre est sans doute la petite Sirène du conte de Hans Christian Andersen, qui raconta l'histoire tragique d'une sirène tombant amoureuse d'un prince. Elle perdit sa voix de fée marine en échange de jambes à la place de sa queue et elle put ainsi marcher sur le sol, même si cela était très douloureux. Si jamais le prince ne tombait pas amoureux d'elle, elle aurait alors un terrible tribut à payer.

Finalement, devant choisir entre sa vie et celle du prince, elle fut transformée en écume de mer. Les féministes récusèrent ce conte, qui soutient une société paternaliste et encourage le sacrifice des femmes.

Heureusement, les vraies sirènes de la tradition féerique ne rêveraient jamais de sacrifier leur langue et le pouvoir que leur voix chantante leur confère. L'équilibre des pouvoirs avec les hommes mortels joue en faveur des sirènes.

Une cité sous la mer

Au XVIIe siècle, l'équipage du *Lady Rosemary* mouilla l'ancre après avoir traversé des mers lointaines à la recherche d'un trésor. Une fois à terre, ils racontèrent à un villageois leur détresse d'avoir vu un de leurs hommes se noyer. Le marin avait juré avoir vu une belle jeune femme, sa tête et ses épaules dansant dans les vagues et sa longue chevelure flottant telles des algues. Tout l'équipage regarda dans la direction qu'il indiquait, mais personne ne put la voir. Captivé par sa vision et par le son du beau chant qui emplissait sa tête, il déclara à son équipage qu'il allait nager jusqu'à elle pour lui porter secours et la ramener à bord ; c'est ainsi que ses hommes le descendirent le long du navire.

C'était un bon nageur et ses coéquipiers le virent avancer aisément vers une zone écumeuse de la mer. Puis, soudain, ce fut comme si des mains inconnues l'avaient agrippé par les chevilles et attiré vers le fond. Il semblait dans une sorte de transe, au point qu'au lieu de revenir vers le navire, il disparut sous les vagues sans résister.

« Je vais vous dire ce qui est arrivé à votre ami, dit un vieux sage du village. Tous ceux qui vivent par ici savent que de belles jeunes femmes vivent dans la mer et que leur moitié inférieure est une longue queue de poisson qu'elles cachent aux mortels dont elles se languissent. Elles deviennent visibles à leur gré, uniquement pour les beaux jeunes gens. C'est l'une de ces créatures surnaturelles qui a emmené votre ami vers le fond de l'océan.

« Rassurez-vous !, ajouta le vieil homme. Plus il est descendu bas, plus ses oreilles ont pu entendre une belle musique qui aura transporté son cœur et l'aura empli d'une joie immense. Après avoir traversé les zones poissonneuses, les fées emmènent les mortels dans de l'eau claire où ils peuvent respirer de l'air pur.

« En atteignant le sol de ce monde aquatique, il pourra voir qu'il est pavé de corail et de galets brillants d'une myriade de couleurs scintillant tels des rayons de soleil sur du verre. Et devant lui, il verra une superbe cité de cristal et de perles, surmontée de coquillages de toutes les couleurs. Et la fée qui l'a emmenée le gardera auprès d'elle et le traitera avec beaucoup d'affection, puisque ses pendants masculins sont connus pour être plus laids que toute créature terrestre. »

Mariages de sirènes

Les nymphes aquatiques sont connues pour épouser des biens-aimés terrestres et vivre heureux un temps, mais de telles unions se terminent souvent par une séparation et beaucoup de tristesse.

Dans cette histoire du folklore féerique allemand, un homme qui était perdu dans les bois arriva à un château où personne n'habitait. Pendant des jours et des nuits, il attendit à l'extérieur du château quand soudain, une jeune femme apparut. Pensant qu'elle connaissait sûrement quelqu'un à l'intérieur, il lui demanda de s'enquérir si on le laisserait entrer. Elle lui annonça qu'elle était la propriétaire des lieux et l'y invita. Les deux êtres vécurent ensemble, tombant peu à peu amoureux, et le jeune homme finit par la demander en mariage. Elle accepta à une condition : il devrait la laisser s'absenter tous les vendredis sans poser de question ni la suivre.

Ils vécurent heureux pendant de longues années jusqu'à ce qu'un vendredi, un étranger se présentât à la porte et demandât à voir la châtelaine. L'époux, oubliant l'interdiction, alla chercher son épouse, qu'il trouva transformée en sirène, le corps mi-femme, mi-poisson. Elle le regarda tristement et disparut à tout jamais.

Une nymphe des eaux vivant dans un château.

Les festivals féeriques

L'enchantement féerique se produit le plus souvent les jours où les mortels et les fées célèbrent les mêmes festivals ancestraux. Pendant cette période, les mortels qui se montrent respectueux du monde féerique se voient récompensés par de la chance ou peuvent au moins échapper à un sortilège féerique.

Par exemple, il existait une coutume anglaise pendant la fête de mai, où les gens placent des plateaux de mousse devant leur porte au crépuscule pour que les fées puissent danser dessus.

La fête de mai

La fête de mai, qui a lieu le 1er de ce mois, est l'un des jours de changement de trimestre marquant la mi-temps entre les solstices et les équinoxes. Dans le cycle des saisons, cette fête fait écho à celle d'Halloween (le 31 octobre). Chez les Celtes irlandais, ces deux dates donnaient lieu à deux grands festivals connus sous les noms de *Beltaine* (ou encore *Lá Baal Tinné* ou *Beltane*), voué au soleil, et *Lá Samnah,* voué à la lune. Les autres jours de changement de trimestre sont la Chandeleur (*Candlemas* en Angleterre et *Groundhog Day* aux États-Unis), le 2 février, et *Lughnassadh* ou *Lammas*, le 1er août.

La fête de mai célèbre l'arrivée de l'été, époque où les fées quittent leurs logis dans les collines creuses pour parcourir le monde des mortels et où les fées de la nature s'éveillent de leur repos hivernal. Le vert, qui est la couleur des fées, est aussi celle des festivités célébrées par les mortels.

En cette époque de changement, réputée pour la méchanceté des fées et leurs enchantements, ces créatures sont toutes puissantes. La reine des fées parcourt la

campagne sur son cheval blanc féerique pour attirer les mortels dans son monde. Les Celtes avaient coutume de dire à leurs enfants de ne pas s'asseoir sur des cercles de fleurs jaunes et blanches pendant Beltaine, sous peine d'être certainement emportés par les fées. Il est dangereux de dormir à la belle étoile au mois de mai, notamment pendant la fête de mai, car les fées cherchent de belles jeunes filles pour devenir des mariées-fées, de beaux jeunes gens pour les épouser et de jeunes mères pour s'occuper des bébés-fées. Les mortels qui entendent les cloches du cheval de la reine des fées sont ainsi prévenus de regarder ailleurs pendant le passage de la procession féerique – toute personne ayant un regard pour la reine tombe immédiatement sous son sortilège et est capturée par les fées.

La reine des fées sur son cheval blanc.

La nage et la voile sont également des activités dangereuses pendant la fête de mai, car c'est la période où les fées marines surgissent des profondeurs pour les festivités de minuit et elles n'hésitent pas à noyer les mortels qui oseraient pénétrer leur intimité.

Les plantes-talismans

Traditionnellement, les festivités de Beltaine commençaient quelques jours avant la fête de mai. Les villageois faisaient le voyage vers les bois avoisinants pour rechercher des branches et des rameaux de neuf arbres sacrés en vue d'allumer les feux de joie de Beltaine. Dans le même temps, ils rassemblaient des brassées de sorbier, de sapin, de bouleau et d'aubépine pour draper les fenêtres et les portes de leur maison la nuit précédant les festivités, car ces plantes étaient connues pour repousser le mal et protéger contre les fées.

Avant d'allumer les feux la nuit de Beltaine, la tradition voulait que les jeunes-gens attachent des guirlandes de verdure et de fleurs aux fenêtres et aux portes des filles qu'ils espéraient conquérir. Comme pour de nombreuses coutumes, la plante ou l'arbre utilisés avaient une signification symbolique.

Sur l'île de Man, des croix faites de sorbier étaient placées sur les portes d'entrée pour repousser les fées et les esprits malveillants, tandis qu'en Irlande des boutons d'or étaient éparpillés sur le plancher des écuries pour empêcher les fées de monter les chevaux. En effet, les animaux qui avaient été chevauchés par une fée devenaient tous malades, à l'exception des chats (voir pages 66 et 79) et pouvaient même dépérir.

Un sorbier.

Le souci d'eau, ou « arbuste de Beltaine » est une autre plante aux propriétés magiques, utile pour repousser les sortilèges des fées et pour la divination. Des couronnes de ces fleurs étaient suspendues aux portes des maisons et des écuries pour protéger des fées la famille, les chevaux et le bétail.

La magie de l'aubépine

Appelée jadis « pain et fromage » car ses jeunes feuilles étaient utilisées dans les sandwiches des paysans, l'aubépine était considérée comme l'habitat le plus propice des fées. Quiconque s'endort sous un buisson d'aubépine le jour de la fête de mai risque fort de se faire kidnapper par des fées – le simple fait d'être assis sous un buisson à cette période est dangereux car les fées dansent sur ses branches et ne

Une fée dansant sur des branches d'aubépine.

voient pas d'un bon œil les intrusions des humains. Il fut une époque où les gens y attachaient des rubans ou des chiffons pour la fête de mai en cadeau pour les fées. Par ailleurs, pour être personnellement protégées contre les fées, beaucoup de personnes portaient un rameau d'aubépine assorti de rameaux de chêne et de frêne.

Pour la fête de mai, des branches d'aubépine en fleurs étaient arrangées en couronnes, que les gens plaçaient par terre devant leur maison et décoraient de fleurs sauvages. Une coutume paysanne consistait à en rassembler les branches le matin de la fête de mai et à les tresser pour les placer autour des maisons. Le tressage était important car il renforçait les pouvoirs magiques de cette plante, comme le fait de la couvrir la nuit pour la protéger de la rosée.

Beaucoup de communautés élisaient une jeune fille reine de mai pour accompagner la procession, les chants et les danses autour de l'arbre de mai (l'aubépine). Ce dernier était souvent représenté par un bâton décoré de rubans, de guirlandes et d'une couronne.

L'épineux de Glastonbury

Ce célèbre buisson d'aubépine grandit en Angleterre, dans l'église St John (comté du Somerset). D'après la rumeur, l'arbre d'origine aurait pris racine à partir du bâton de Joseph d'Arimathie, parti en Angleterre pour y diffuser le christianisme. Le buisson fleurit à chaque Noël et chaque fête de Pâques et chaque année ses fleurs porteuses de chance servent à décorer la table du petit déjeuner de Noël de la reine.

Contes de la fête de mai

Dans les régions rurales d'Irlande, nombre de contes relatent la capture de mortels par des fées le jour de la fête de mai. Le thème de chaque conte est le même, bien que l'issue varie parfois. Dans l'un deux, un beau jeune homme, seul enfant adoré par ses parents âgés, sombra dans l'inconscience le jour de la fête de mai tandis qu'il dormait sur l'herbe d'une berge. Quand ses parents et amis virent son visage de cire, ils surent qu'il avait été emporté par les fées. Ils le ramenèrent à la maison, le couchèrent dans son lit et pleurèrent beaucoup.

Ils appelèrent le docteur, qui donna aux parents un baume à base d'herbes pour en badigeonner les mains et les sourcils de leur fils, chaque matin à l'aube et chaque soir à l'apparition de la lune. Du sel fut dispersé sur le seuil de la porte et autour du lit où le jeune homme dormait d'un profond sommeil. Le rituel dura sept jours et sept nuits, lorsque le jeune homme s'éveilla.

« Pourquoi m'avez-vous fait revenir ?, demanda le jeune homme. J'étais dans un beau château et je dansais avec de belles fées sur une musique exquise, et maintenant tout est fini et j'ai peur de ne jamais revoir ce magnifique endroit. »

Alors, le père et la mère se mirent à pleurer et lui dirent :

« Ô, notre fils, reste avec nous car nous n'avons pas d'autre enfant. Si les fées t'emmènent, nous en mourrons de chagrin. »

Lorsqu'il entendit cela, le jeune homme se sentit honteux et promit à ses parents qu'il ne s'aventurerait plus jamais pendant la fête de mai à l'endroit où il avait été capturé par les fées. Les parents furent d'autant plus rassurés lorsqu'il choisit une épouse parmi les mortelles et que les premiers signes de l'âge apparurent sur son visage, car les fées ne risquaient plus de le choisir à nouveau.

Dans un autre conte, un jour de fête de mai à midi, une belle jeune fille s'allongea pour se reposer sur une colline verdoyante. Elle avait une vie difficile, travaillant dans une pièce sombre sans fenêtre à fabriquer des chaussures et elle était très fatiguée et contente de pouvoir prendre l'air. Elle s'endormit rapidement sur ce qui était, à son insu, une colline féerique. Or, les beaux humains sont particulièrement en danger à cette période de l'année où le pouvoir des fées est à son apogée et où elles cherchent des mortels à marier.

Les fées furent promptes à faire disparaître la jeune fille endormie, laissant seulement une forme lui ressemblant couchée sur la colline. Le soir arriva et, comme elle n'était

pas rentrée, ses parents et ses frères et sœurs partirent la chercher. Ils la trouvèrent enfin, couchée sur la colline, inanimée.
Ils la ramenèrent chez eux et la couchèrent sur le lit, mais elle ne parla ni ne bougea, et le lendemain à midi elle était morte. Comme la triste histoire de son décès circulait dans la région, un médecin-major vint trouver la famille et leur dit qu'il pouvait ramener la jeune fille du monde féerique.

Une foule dense se forma pour observer le médecin-fée procéder à des incantations avec du feu et de la poudre qu'il jetait dans les flammes, provoquant une épaisse fumée grise qui montait en volutes dans les airs. Puis, tenant une clé dans sa main, il invoqua trois fois d'une voix forte : « Reviens, reviens, reviens ! »

La foule regarda bouche bée la silhouette de la jeune fille dans une longue robe blanche s'élever doucement de la fumée et s'adresser ainsi à ses parents : « Laissez-moi en paix. Je suis si heureuse avec mon fiancé-fée. Et vous ne devez pas pleurer, car je vous apporterai la chance et vous protégerai à tout jamais du mal. »

Un jeune-homme emmené par les fées.

15 mars
30 avril / 1er mai
4 mai
11 mai
24 juin
7 août
29 septembre
31 octobre
8 novembre
11 novembre
25 décembre
La roue de l'année féerique

Rencontrer les fées toute l'année

Les mortels ont plus de chances de rencontrer les fées à certaines dates du calendrier. En effet, les jours de fête, celles-ci sont plus actives que d'ordinaire dans le monde des humains et peuvent causer du tort. D'autres dates sont significatives dans le calendrier féerique car, pendant une courte durée, le voile entre le monde féerique et le monde des mortels s'amenuise. La magie peut opérer puisque les « portes » entre les deux mondes sont alors ouvertes.

15 mars : fête des nymphes et des fées aquatiques. C'est une journée dangereuse pour les mortels qui voudraient aller nager.
30 avril / 1er mai : fête de mai (appelée aussi Beltaine). Les fées quittent les collines à cheval pour célébrer cette fête antique.
4 mai : : jour de frustration pour les fées. Ce jour de fête en Irlande est destiné à troubler les fées pour qu'elles ne puissent pas causer du tort aux gens.
11 mai : ancienne fête de Beltaine. Les fées du prunellier gardent l'épineux sacré pour empêcher qu'il ne soit coupé.
24 juin : jour du solstice d'été.
7 août : les collines et abris féeriques sont découverts ce jour-là.
29 septembre : la porte s'ouvre entre le royaume des fées et celui des humains.
31 octobre : Halloween.
8 novembre : les portent s'ouvrent de nouveau entre le royaume des fées et celui des humains.
11 novembre : fête des fées de l'épineux.
25 décembre : jour de Noël.

La nuit du solstice d'été

La nuit du solstice d'été – au crépuscule le plus long de l'année – est synonyme de festivités pour les fées. Cette fête a été rendue célèbre par la pièce de Shakespeare *Le Songe d'une nuit d'été*. Le roi et la reine des fées, appelés Obéron et Titania, ainsi que Puck (dit Robin Gai-Luron ou Robin Bonenfent) et des serviteurs féeriques, offrent aux mortels un aperçu du royaume des fées. Il est intéressant de noter que pendant la période élisabéthaine, on croyait que les fées étaient de la taille des humains.

Un jour, des mortels allumèrent un feu la nuit du solstice d'été et des fées malveillantes ou espiègles se précipitèrent autour des flammes dans un tourbillon pour les faire partir. De même, les mortels ne pouvaient profiter des fêtes et festivals sans penser aux fées et ils devaient prendre des précautions pour protéger leur famille, leur bétail et leurs biens contre ces êtres gênants.

Puck

Nombre d'histoires circulent sur Puck, dit Robin Gai-Luron, l'un des personnages les plus populaires du folklore britannique.

Dans l'histoire relatée par Shakespeare, il est intimement lié à la cour féerique, ce qui n'est néanmoins pas le cas en général. Les personnes habitant les zones rurales sont tout aussi susceptibles de le rencontrer à tout moment.

En tant que métamorphe, un *puck* peut prendre de multiples apparences. Il se transforme souvent en animal, surtout en cheval, en âne ou en aigle. Le *púca* irlandais (voir page 134) se transforme en cheval, enlève des personnes en plein galop et les jettent parfois dans l'eau. Le *pwca* gallois égare les voyageurs en éteignant sa lanterne après les avoir conduits au bord d'une falaise. Dans la région des Midlands, en Angleterre, être trompé par un *puck* se disait « être guidé par un puck » et une vieille expression anglaise pour dire que l'on est perdu était « Robin Gai-Luron était avec vous, ce soir ».

The Reconciliation of Oberon and Titania (La réconciliation d'Obéron et Titania),
Sir Joseph Noel Paton, 1847.

La nuit du solstice d'été, l'herbe à Robert, à la tige rouge et aux propriétés curatives, est en fleur et les mortels doivent prendre garde à la manière dont ils la traitent. Détruire de façon injustifiée ces fleurs qui sont sous la protection de Robin Gay-Luron, c'est courir au désastre.

Halloween

Les ancêtres irlandais divisaient l'année en été *(Samrath)* et en hiver *(Gheimrath)*, la première saison commençant en mai et la seconde en novembre. *Gheimrath* était aussi nommée *sam-fuim* – la fin de l'été – de nos jours, les gens l'appellent Halloween. À cette époque, quand le soleil meurt symboliquement, les forces obscures exercent une grande et mauvaise influence sur toutes les créatures vivantes.

Cette nuit-là, les esprits des morts font la fête avec les fées, dansant sur de la musique féerique jusqu'à ce que la lune se couche. Il n'est pas sage pour les mortels de se retrouver au milieu des festivités et, si cela se produit, ils risquent de le payer de leur vie. Dans les temps anciens, une coutume consistait à laisser de la nourriture pendant Halloween pour les morts agités qui s'étaient levés pour danser avec les fées. Si la nourriture disparaissait, c'était un signe que les esprits l'avaient emportée, car aucun mortel n'aurait osé la manger, ni même y toucher. Selon la croyance, un seul regard d'un mort pouvait tuer, de sorte que cette nuit-là, personne ne se retournait s'il pensait avoir entendu des pas derrière lui.

Les vila

Ces êtres féeriques du folklore slave étaient considérés comme les esprits des morts et ne pouvaient trouver la paix car ils n'avaient pas accompli leurs désirs dans leur vie mortelle. La nuit, ils dansaient, et si un mortel se joignait à eux, celui-ci ne pouvait plus s'arrêter et finissait par tomber raide mort. Les *vila*, ou encore *willi* ou *veela*, ont des pouvoirs sur les orages, qu'elles adorent envoyer sur les voyageurs solitaires. Ces créatures sont généralement de belles jeunes femmes mais peuvent aussi prendre la forme de cygnes, de chevaux ou de loups. Les vila apparaissent comme des sorcières éblouissantes dans les livres de la série Harry Potter.

La danse des morts

Dans la tradition féerique celtique, les histoires relatant des événements effrayants survenus à des mortels pendant Halloween sont multiples et ont traversé les âges *via* la tradition orale.
Le soir d'Halloween, un homme restait dehors tard pour pêcher, insouciant des fées jusqu'à ce qu'il vît un grand nombre de lumières dansantes. Une foule joyeuse s'approcha de lui et, intrigué, il les suivit en haut d'une colline verdoyante. Là, ils dansèrent sur une belle musique de cornemuses et de harpes féeriques et burent du vin rouge dans des petites coupes. L'homme se languissait de danser avec une belle et jeune fée, mais celle-ci lui dit seulement : « Prenez garde car le roi des fées arrive avec son épouse pour assister à notre fête. »
Comme elle parlait, le son d'une corne retentit et un carrosse doré arriva, tiré par quatre chevaux blancs. Il en sortit un grand et brave homme et une belle jeune femme, son visage caché derrière un voile argenté. « Voici le roi et la reine en personne », annonça la fée à l'homme – qui était quasi mort de terreur – lorsque le roi des fées demanda : « Comment cet homme est-il arrivé ici ? » Le roi fronça les sourcils et parut tellement en colère que l'homme faillit en tomber de frayeur.
Alors, ils se mirent tous à rire si fort que le paysage alentour sembla trembler de rire.
Les danseurs se dirigèrent vers lui et essayèrent d'attraper ses mains pour le faire danser, mais il se recula.
« Savez-vous qui sont ces gens, et ces hommes et ces femmes qui dansent autour de vous ?, lui demanda le roi. Regardez bien, les avez-vous déjà vus avant ? »
Et l'homme vit alors une jeune fille qui était morte un an plus tôt et un autre ami qui était décédé depuis longtemps ; et il vit alors que tous les danseurs, hommes, femmes et enfants, étaient des morts dans leurs longs linceuls blancs. Il tenta de leur échapper, mais ne le put car ils l'entouraient, dansant, riant et essayant de lui saisir les bras et de l'inviter dans la danse. Leur rire semblait sur le point de transpercer son cerveau et de l'abasourdir. Il tomba devant eux et perdit connaissance.
Le lendemain matin, il se réveilla couché sur la colline dans un petit cercle de vieilles pierres, les bras noirs de contusions à l'endroit où les mains des morts l'avaient touché.
L'homme rentra chez lui tristement. Il avait compris que les fées et les esprits l'avaient puni car il avait été importun à leur égard le seul soir de l'année où les morts peuvent quitter leur tombe et danser sur la colline au clair de lune, tandis que les mortels sont censés rester chez eux et ne jamais oser les regarder.

Dans cette histoire, l'homme a survécu car il a réussi à résister fermement à la danse des morts, mais tout le monde n'a pas eu la même chance...
Un soir tard d'Halloween, une jeune femme qui rentrait chez elle fatiguée s'assit pour se reposer lorsqu'un jeune homme l'approcha. « Attendez un peu, lui dit-il, et vous verrez la plus belle danse qui soit, au-delà de votre imagination, du côté de la colline. »
Elle le regarda calmement et répondit : « Vous ressemblez à mon fiancé qui s'est noyé et êtes pâle comme un mort. Que faites-vous ici ? »
« Regardez vers la colline et vous saurez pourquoi je suis ici », rétorqua-t-il.
La jeune-femme se retourna et vit une foule de fées dansant sur de la musique douce et qui comptait tous les morts dont elle pouvait se souvenir. Tous étaient vêtus de blanc et leur visage était aussi pâle que le clair de lune.
« Maintenant, vous devez vous enfuir, l'avertit l'esprit de son fiancé, car si les fées vous entraînent dans leur danse, vous ne pourrez plus jamais les quitter. »
Comme ils parlaient, les fées s'étaient approchées et dansaient autour d'elle en cercle, prenant ses mains dans les leurs et l'attirant dans la danse. Elle tourna et tourna jusqu'à ce qu'elle tombât évanouie. Ce n'est que le lendemain matin qu'elle fut retrouvée par des villageois qui la ramenèrent précipitamment et la couchèrent sur son lit chez elle. Sa famille vit que son visage était aussi blanc que celui d'un mort et ils envoyèrent chercher un médecin. Celui-ci tenta tout pour la sauver, sans succès. Lorsque la lune monta dans le ciel ce soir-là, une petite musique douce se fit entendre dans la maison. La famille regarda alors la jeune femme : elle était morte et partie dans le monde des fées.

Une jeune-fille entourée de fées exécutant la danse des morts.

Les fées, les sorcières et les acolytes

Dans les procès de sorcières de l'Angleterre et de l'Écosse du XVIIe siècle, nombre d'accusées déclaraient que les fées leur étaient venues en aide en les guidant dans leurs activités. Elles pensaient que cette confession plaiderait en leur faveur, mais au contraire, elle ne faisait que les condamner.

Les fées étaient connues pour avoir des pouvoirs surnaturels, comme les sorcières. Toutes étaient considérées comme venant du même monde – peut-être pour une bonne raison, comme vous allez le lire plus loin – et étaient perçues comme une réelle menace pour les mortels. Les sorcières étaient brûlées le jour de la fête de mai à l'époque où elles subissaient des procès infâmes ; par ailleurs, pendant de nombreuses années, des bûchers étaient allumés sur les collines en signe de protection et pour éloigner tous les êtres surnaturels, y compris les fées.

Comment les femmes sont devenues des sorcières

Pendant les fêtes terrestres, lorsque les mortels sont heureux et insouciants, le roi des fées et sa cour d'hommes-fées cherchent les plus jolies jeunes femmes mortelles à emmener dans leur monde. Celles-ci sont gardées pendant sept ans auprès des fées, puis, lorsque leur beauté s'évanouit – les fées aiment la jeunesse et la beauté – elles sont renvoyées dans le monde des mortels. En compensation de cette offense, les fées leur enseignent les secrets de leur monde, notamment les sortilèges et les secrets des plantes et leur confèrent des pouvoirs magiques pour soigner ou soulager les maladies et les affections. Jadis, les sorcières ou docteurs-fées, devenaient très influentes par ce biais. Elles pouvaient utiliser leurs charmes, leurs sortilèges, leurs potions et leurs onguents pour le bien ou pour le mal, pour tuer ou pour sauver leurs congénères mortels à leur guise. Elles pouvaient également lire dans le futur, prophétisant des naissances et prédisant des décès.

Les acolytes

Les sorcières vivent presque toujours avec un acolyte – une créature subalterne, souvent un animal – qui exécute leurs ordres tout en exerçant une force particulière et irrésistible. La sorcière apparaît comme dominante, mais elle se trouve aussi sous un certain pouvoir de l'acolyte. Il existe nombre de parallèles entre les fées domestiques et les acolytes (voir pages 78-82) et beaucoup pensent que ces derniers sont en fait une forme « mutante » des fées qui se

The Love Potion (Le philtre d'amour), *Evelyn De Morgan, 1903, huile sur toile.*

transforment de manière reconnaissable chaque fois qu'ils sont vus par un mortel.

On a pu observer que la nature de certaines sorcières s'améliorait sous l'influence d'un acolyte, tandis que pour d'autres, l'effet est inversé. Ces contes soulignent non seulement le pouvoir de ce subalterne mais ils font aussi allusion aux diverses natures – bienveillante, sage, espiègle, rancunière et même mauvaise – que l'on rencontre dans le monde féerique.

Les chats noirs

L'acolyte d'une sorcière était souvent un chat noir et l'on croyait alors que ceux-ci avaient des pouvoirs et des facultés très différentes de ceux des autres félins. Par exemple, on les croyait capables de comprendre une conversation humaine et même de parler s'ils voyaient un intérêt à se joindre à la conversation. On soupçonnait chez eux un caractère rusé et trompeur et les gens restaient prudents quant à les caresser, car ces félins pouvaient facilement se mettre en colère et décider de leur causer du tort ou leur jeter un sort de malchance.

Les sorcières-fées

Dans le comté de Cork, une femme beaucoup crainte et dotée de pouvoirs magiques vivait dans une petite mais jolie maison cachée dans la forêt dense. On disait qu'elle avait été belle dans sa jeunesse mais elle était devenue vieille, même si ses yeux étaient toujours vifs et scintillants comme le cours d'eau qui traversait son terrain. Tout autour de sa maison, elle faisait pousser des plantes dans des pots placés sur le rebord de ses fenêtres, sur les murs et dans des plates-bandes. On racontait qu'elle avait un visiteur régulier – une chouette de la forêt. Certains assuraient qu'ils l'avaient vue parler à la chouette et que celle-ci semblait comprendre, hochant la tête et même ouvrant le bec comme pour parler. Néanmoins, personne n'osait s'approcher pour entendre la conversation – si conversation il y avait.

Les gens parcouraient de longues distances pour venir rendre visite à cette femme, qui était nommée tantôt la sorcière-fée, tantôt la fée, le docteur-fée ou encore la gentille sorcière, bien que personne ne sût son vrai nom. Tous les cas de maladies et d'affections qui ne pouvaient être guéris par des méthodes classiques lui étaient soumis car sa connaissance des plantes était fort respectée et les gens rapportaient des histoires de guérisons miraculeuses. Cependant, elle ne révélait jamais les noms des plantes qu'elle utilisait, se contentant de donner des potions au goût étrange et des onguents aux senteurs inconnues aux personnes qui demandaient son aide. Elle rassemblait les feuilles au crépuscule ou à l'aube lorsque la rosée s'était fraîchement déposée. Si une personne faisait tomber le remède qu'elle rapportait chez elle, celui-ci perdait son pouvoir. Il en allait de même si elle parlait du remède ou le montrait à quelqu'un. En effet, la potion devait être utilisée secrètement et en solitaire, auquel cas elle garantissait tous ses effets.

Un jour, un homme d'une ville voisine vint trouver la sorcière car il boitait suite à une chute. La sorcière savait d'avance qu'il viendrait la trouver parce que les fées lui avaient enseigné l'art de la divination ; elle rassembla donc des plantes et concocta une potion, qui était prête à l'arrivée du patient. Il était très poli, comme on le lui avait conseillé, s'inclina devant elle et enleva ses chaussures avant d'entrer dans la maison impeccable. Il lui raconta qu'en se promenant sur les collines, il avait glissé. La chute était anodine mais quand il se releva, il sentit que sa jambe n'avait plus de forces, bien qu'il n'eût pas de fracture.

La sorcière lui expliqua : « Vous avez trébuché lourdement sur la terre sous laquelle reposent les fées et vous les avez encore plus dérangées en tombant d'un bruit sourd sur le toit de leur maison. Cela les a tellement courroucées qu'elles vous ont estropié par rancune. » Elle le rassura néanmoins en lui annonçant qu'elle pouvait y remédier.

Elle lui donna la potion et lui dit de la ramener chez lui prudemment et de l'utiliser seul et en silence, et qu'ainsi trois jours plus tard, sa jambe serait guérie. L'homme lui proposa de l'argent, mais elle refusa. « Je ne vends pas mon savoir, dit-elle. Je le prodigue pour que mes pouvoirs perdurent. »

L'homme fit exactement ce qu'elle lui avait recommandé et, trois jours plus tard, il était complètement guéri. Il lui envoya un cadeau – un panier garni – car les gens du coin lui avaient dit que les présents n'étaient pas préjudiciables. Si la sorcière devait vendre ses connaissances pour de l'argent, les fées lui reprendraient ses pouvoirs aussi sûrement qu'elles les lui avaient conférés. Et personne ne voulait que cela se produise car ils avaient compris l'utilité d'avoir une sorcière dans leur voisinage.

Les fées séductrices

Beaucoup de femmes-fées sont belles à ravir, mais s'avèrent cependant mortelles pour leurs soupirants humains. Même s'ils restent dans le royaume terrestre, ces beaux jeunes gens deviennent de tristes ombres de leur être passé. De même, les hommes-fées irrésistiblement beaux hantent les femmes mortelles, qui languissent pour ces créatures.

Au cours des siècles, de nombreuses histoires ont été rapportées sur de belles jeunes femmes mortelles ou de beaux jeunes gens mortels dont les familles ne se réjouissaient que trop de leur retour du monde féerique, mais qui se révélaient être devenus fous ou mélancoliques, perdus dans leurs propres pensées. Dans *La Belle Dame sans merci*, John Keats (1795-1821) relate l'histoire d'un chevalier impétueux qui rencontra une belle fée. Son apparence trompeuse annonçait un danger, mais la fée parvint à le rendre amoureux et il tomba tout entier sous son sortilège alors qu'elle chantait une chanson féerique. Cependant, elle disparut ensuite, le laissant « seul et dans l'errance ». Le poème raconte l'histoire d'autres hommes mortels ayant subi le même sort et qui sont devenus des ombres d'eux-mêmes, ruinés.

J'ai rencontré une femme dans une
prairie,
Terriblement belle – l'enfant d'une fée.
Ses cheveux étaient longs, ses pieds
légers,
Et ses yeux farouches.

La Belle Dame sans merci, John Keats

La Belle Dame sans merci, *John William Waterhouse, 1893, huile sur toile.*

Un mortel peut-il épouser une fée ?

On sait que des hommes mortels, possédés par l'idée de lier à eux leurs bien-aimées, ont emprisonné celles-ci à l'aide de fers – que les fées ne peuvent traverser – et de belles mariées mortelles ont parfois été capturées pendant la cérémonie par des hommes-fées qui prenaient la place du marié.

Des rumeurs prétendent que des enfants seraient nés de certaines unions entre un mortel et une fée, sans qu'ils soient dotés de pouvoirs particuliers, mais dont le charisme et l'intuition sont remarquables. Selon une ballade du XVIIe siècle, Robin Gai-Luron, alias Puck (voir page 59), serait le fils d'Obéron, le roi anglais des fées et un jeune coureur de jupons. Cet être mi-homme, mi-fée, devenu perfide, pouvait changer de forme pour tromper les mortels.

La plupart des mariages entre une fée et un mortel se produisent en raison de la capture de l'un d'eux ; il arrive toutefois que des femmes-fées et des hommes mortels choisissent de vivre ensemble dans le royaume terrestre. Les superbes fées aquatiques galloises, appelées *gwragedd annwn*, sont très connues pour prendre des mortels pour époux. Cependant, il existe toujours une condition à cette union, et les fées peuvent disparaître pour retourner dans le monde féerique si, par exemple, leur époux élève la voix envers elles ou s'il leur manque de respect d'une quelconque manière. Comme les manières des fées sont difficiles à comprendre pour les mortels, ces mariages sont souvent voués à l'échec en raison de malentendus.

Néanmoins, même si tomber amoureux pour un mortel et une fée est souvent condamné d'avance, il semblerait que l'île féerique secrète (voir pages 25-26) offre un

Voyage dans le temps

Les mortels séduits et rendus captifs dans le monde féerique sont souvent relâchés lorsqu'ils vieillissent et deviennent moins attrayants, sans qu'ils aient la moindre idée du temps qui s'est écoulé dans le royaume terrestre pendant leur absence. Par exemple, un ouvrier agricole particulièrement beau et originaire de Pembridge, en Angleterre, quitta la cuisine un soir alors que d'après son épouse, le bouillon de son souper était presque prêt. « À tout à l'heure !, dit-il, Je reviens dans une minute. » Il fut capturé par des fées et disparût pendant 23 ans, mais le temps passé dans le monde féerique lui parut si court qu'une fois de retour chez lui, il demanda à son épouse : « Eh bien, mon bouillon est-il prêt ? »

Une fée enchanteresse tente un jeune mortel.

havre de paix à ces couples, qui peuvent y vivre heureux.

Les fées enchanteresses

De belles et dangereuses fées ont reçu différents noms dans le monde. Sur l'île de Man, on parle des *lhiannan shee* qui, en Irlande, sont appelées *lan-awn-shee* – c'est-à-dire maîtresse-fée. Lorsque celle-ci a réussi à mettre la main sur un bel homme, elle le dépossède peu à peu de son esprit, continuant de lui rendre visite de temps en temps et le laissant abattu. Il dépérit ainsi peu à peu, peut même devenir fou ou extrêmement émotif et brillamment créatif. Comme l'écrivit le poète W.B. Yeats :

> *« Elle est la muse gaélique car elle inspire ceux qu'elle persécute. Les poètes gaéliques meurent jeunes, car, en tant que fantôme malveillant, elle est impitoyable et ne les laisse pas longtemps sur terre. »*

Le seul moyen pour une victime d'échapper à une maîtresse-fée est de trouver quelqu'un d'autre pour prendre sa place.

Les *skogsrå* de Scandinavie vivent dans la forêt, sur laquelle elles commandent telles des reines. De nombreuses rumeurs courent sur ces maîtresses-fées. Certains croient qu'elles aiment les beaux mortels mais que leur contact s'avère fatal. D'autres pensent qu'elles améliorent la vie des hommes qui leur ont accordé leurs faveurs

La reine des neiges

Dans ce conte d'Hans Christian Andersen, la reine des neiges est une fée enchanteresse du pôle nord, décrite comme étant aussi charmante et éblouissante qu'elle est belle comme des cristaux de glace. Elle enchanta Kay, un jeune mortel, victime d'un miroir magique fabriqué par un troll et qui déforma ses yeux et son cœur à tel point qu'il en devint cruel avec ceux qu'il avait aimés. La reine des neiges emmena Kay avec elle, l'embrassant une première fois pour le réchauffer du froid et une deuxième fois pour lui ôter de la mémoire ses précédentes amours ; elle se garda toutefois de l'embrasser une troisième fois, ce qui l'aurait tué. Mais même ainsi, Kay fut considéré comme mort dans le monde des mortels, où il fut dit qu'il s'était noyé dans une rivière.

Kay and the ice-blocks (Kay et les blocs de glace), *Cecile Walton, illustration du conte de fées d'Andersen.*

sexuelles, de sorte que leur vie apparaît sous de très bonnes auspices. En Inde, les jeunes filles *bonga* sont des fées aquatiques qui leurrent les mortels en les rendant amoureux et peuvent même aller jusqu'au mariage. Aux États-Unis, pour les tribus autochtones, les fées enchanteresses étaient de belles jeunes biches surnaturelles qui trompaient les hommes et les menaient à leur échec.

Pour les Iraniens, les fées sont des *feroüers* ou des *peris*, et beaucoup de contes parlent de *Dukhtari Shah Periân* (fille du roi des fées). Elle est si belle que le simple fait de penser à elle suffit à faire languir les hommes, en vain car ceux qui la voient doivent mourir.

Au fin fond de l'Europe de l'est, une jeune et belle fée vêtue d'une robe blanche, connue comme le fantôme de l'Ukraine, rencontre des vagabonds solitaires dans la neige. De ses baisers elle les endort d'un sommeil dont ils ne se réveillent jamais.

Les hommes-fées séducteurs

Les hommes-fées savent regarder une mortelle droit dans les yeux et lui donner la sensation qu'elle compte plus pour eux que toutes les autres. Sous ce sortilège, la jeune-femme se sentira intensément vivante et si heureuse qu'elle ne pourra imaginer ressentir un jour à nouveau autant de joie. Son bien-aimé-fée peut lire ses pensées les plus enfouies, de sorte qu'elle croit qu'il la connaît réellement. Voilà comment les hommes-fées ensorcellent les mortelles. Plus tard, les victimes des fées séductrices peuvent mourir de désir.

Un regard d'artiste

De nos jours, les mortels qui descendent des fées – souvent totalement à leur insu – ont la capacité à déclencher chez ceux sur lesquels ils portent leur attention une ferveur obsessionnelle qui ressemble à de l'amour. Comme ils sont portés sur la créativité, ils deviennent souvent des musiciens, des poètes et autres artistes qui peuvent se faire aimer par quelqu'un par le simple pouvoir de leur regard.

Ensorcelés

Quiconque regarde une fée dans les yeux devient ensorcelé. Un regard intense laisse les mortels dans un état de transe proche de la mort. Leur corps est emporté dans le monde féerique et est remplacé dans le royaume terrestre par une ombre vêtue, de forme humaine.

À une époque, des docteurs-fées se spécialisaient dans le soulagement des maladies déclenchées par les fées, comme celles résultant d'un coup d'œil jeté à une fée. On peut parfois persuader les fées de rendre leur prise mortelle à l'aide d'incantations.

Un vieux sortilège visant à forcer l'amour d'une personne, associé à un coup d'œil à une fée, fonctionne comme un puissant pouvoir magique. Au XVIIIe siècle, un jeune homme vivant dans le comté de Limerick, en Irlande, possédait un pouvoir inhabituel sur les femmes. Il était plein d'esprit et ses yeux éloquents indiquaient une nature poétique et passionnée.

Un jour qu'il voyageait loin de chez lui, ressentant la faim et la fatigue du voyage, il s'arrêta dans une grande maison pour demander un verre de lait. La fille de la maison, timide et peu encline à accueillir un étranger lorsqu'elle était seule, refusa de le laisser entrer.

Le jeune poète fixa son visage des yeux avec insistance pendant un moment, silencieux, puis il partit et marcha lentement vers un bosquet situé en face de la maison. Il resta ainsi un moment à se reposer contre un arbre, face à la maison, comme pour la regarder

Un homme, avec un soupçon de féerie, écrit des mots d'amour.

une dernière fois, l'esprit vengeur ou résigné. Puis il poursuivit son chemin sans se retourner.

L'observant depuis une fenêtre, la jeune fille se sentit obligée de lui emboîter le pas et le suivit pas à pas le long de la route, comme dans un rêve. Elle dépassa son père, qu'elle ne vit pas. Même lorsqu'il cria fort pour qu'elle s'arrête, elle n'en fit pas cas. Repérant un morceau de papier enroulé et attaché à une branche de l'arbre où le poète s'était tenu, le père alla le décrocher, piqué de curiosité. Au moment où il détachait le nœud en ficelle qui entourait le papier, il vit au loin sa fille, s'arrêtant soudain et s'effondrant sur le sol, telle une poupée de chiffon. Il courut vers elle et la releva, puis il la ramena chez eux.

Une fois à l'abri dans la maison, la jeune fille expliqua qu'elle s'était sentie attirée par une force invisible à suivre le jeune étranger où qu'il aille. Elle déclara qu'elle l'aurait suivi au bout du monde, car sa vie semblait attachée à la sienne. Elle n'avait pas la volonté de résister, et n'était consciente de rien d'autre que de sa présence. Soudain, cependant, le sortilège fut rompu, puis elle entendit la voix de son père et sut qu'elle avait agi étrangement. Au même moment, le pouvoir du jeune-homme sur elle disparut et l'impulsion de le suivre quitta son cœur.

Une fois ouvert, le papier révéla cinq mots mystérieux en lettres de sang, dans cet ordre :

S A T O R
A R E P O
T E N E T
O P E R A
R O T A S

Ces lettres sont agencées de telle manière qu'elles peuvent se lire dans n'importe quel sens : de droite à gauche, de gauche à droite, de haut en bas ou de bas en haut, produisant toujours les mêmes mots.

Lorsqu'elles sont écrites avec du sang par une personne dotée d'une touche de féerie et dont le stylo est fait d'une plume d'aigle, elles forment un sortilège amoureux auquel aucun mortel ne peut résister.

Des fées bien élevées ?

De nos jours, nous aimons croire en les bonnes fées, mais nos ancêtres étaient plus savants que nous en la matière. Même les fées les mieux intentionnées peuvent se révéler capricieuses et s'offenser si les mortels ne se conforment pas à leurs règles bizarres. Après tout, les fées habitent le Royaume du milieu et ne sont pas assez angéliques pour le paradis.

Les marraines-fées

Nos contes de fées préférés, tels que *Cendrillon* et *La Belle au bois dormant*, évoquent des marraines-fées qui viennent au secours de gentils mortels, les aidant à transformer leur vie avec de la magie – ou enchantement (voir page 20). Nous en sommes venus à penser que les fées pourraient être comme des anges gardiens ou des guides spirituels, mais il n'en est rien. Elles sont trop préoccupées par leurs propres intérêts pour s'occuper des mortels avec des bonnes dispositions. Bien sûr, les fées sont parfaitement capables de faire de la magie, tout comme le font les marraines-fées dans ces contes tant aimés... mais au service des mortels plutôt qu'au leur ? Les fées aident-elles à conquérir de beaux princes mortels pour le bonheur des belles princesses mortelles ? Un tel altruisme n'est pas dans la nature des fées. Elles sont bien plus susceptibles d'enlever de beaux et jeunes mortels pour les garder captifs dans le monde féerique.

Dans la tradition féerique, source d'inspiration de Cendrillon et La Belle au bois dormant, les marraines-fées n'étaient pas présentes. Par exemple, dans la version de *Cendrillon* des frères Grimm (1812), la trop gentille héroïne est aidée par l'esprit de sa défunte mère. Deux pigeons blancs l'aident à ses tâches ménagères et lui disent d'aller sur la tombe de sa mère, où une belle robe de bal l'attend. Des marraines-fées ont été ajoutées par Charles Perrault dans *La Belle au bois dormant* au XVIIe siècle ; ces personnages n'existaient pas dans la version originale *Sole, Luna e Talia,* de Giambattista Basile.

Belle au bois dormant avec ses marraines-fées, *F. Thiriet, Contes de Perrault.*

Les marraines-fées sont liées aux trois Parques héritées de la mythologie grecque, qui accordaient des cadeaux – bons ou mauvais – aux nouveau nés. Les Parques n'étaient pas toujours bienveillantes et pouvaient même se montrer cruelles ; ce que l'on retrouve dans la nature différente des trois marraines-fées du conte *La Belle au bois dormant*. L'une d'elles, une vieille fée méchante offensée de ne pas avoir été invitée au baptême, décide de jeter un sort sur l'innocent bébé mortel. Dans notre perception des marraines-fées, nous confondons les anges gardiens avec les fées. Ces dernières peuvent tout à fait transformer la vie des mortels par l'enchantement et les garder ensorcelés

Une marraine-fée.

mais, contrairement aux anges gardiens, elles le font pour leur propre compte.

Le *brownie*

Le *brownie*, petit homme-fée domestique ressemblant à un nain, semble préférer les maisons des zones rurales peu peuplées du nord de l'Angleterre et de l'Écosse, même si des humains habitant beaucoup d'autres endroits ont également suspecté la présence de brownie. Cet être du monde féerique, apparemment humble et discret, sert les mortels d'une manière révélant sa nature obsessive. Ménage, cuisine, travaux de la ferme tels que labourer, moudre le grain ou encore battre le beurre, le *brownie* se rend indispensable.

Portant des haillons de couleur marron et une cape de même couleur et munie d'une capuche, ou bien nu et couvert de longs cheveux broussailleux, il a les yeux noirs comme du charbon, des oreilles légèrement pointues et de longs doigts agiles. Il ne s'active que la nuit, généralement pour achever les tâches ménagères laissées en plan par les mortels. Rarement vu, on l'entend souvent nettoyer, frotter et se glisser dans la maison, traquant la poussière et la saleté. Il devient très dévoué à une maison ou à une famille, voire aux deux. Souvent, le *brownie* a une préférence pour un membre de la famille, qu'il met sur un piédestal. Cette personne ne fait rien de mal à ses yeux et reçoit un traitement de faveur. Un *brownie* qui s'est attaché à une personne ou à une famille, comme c'est souvent le cas avec les vieilles familles, suivra cette famille partout dans ses déménagements, même vers un autre continent.

Redistribution et récompense

Il n'est pas surprenant que les mortels hébergeant un *brownie* soient souvent enclins à garder leur « homme de ménage » nocturne à demeure et à prendre des mesures pour son bien être. Et c'est une sage décision car un *brownie* oublié ou déçu par la négligence des humains peut devenir mauvais et causer beaucoup de problèmes. Les premiers signes de mécontentement se détectent par des meubles déplacés et des objets de grande nécessité cachés à leur propriétaire. Une paire de lunettes peut être soustraite à la vue, de même que des clés ou le retrait d'une seule chaussette du panier à linge sale. Beaucoup de gens qui pensent avoir un *brownie* chez eux rapportent combien ceux-ci se sont adaptés à la vie moderne, punissant les mortels pour les offenses ressenties en cachant leur téléphone portable ou leur télécommande télé. Et cela est fort possible, car ces êtres sont observateurs et prompts à repérer les habitudes des humains.

En contrepartie de leur travail difficile, les brownies acceptent des cadeaux alimentaires : du lait frais, de la crème, du miel, du pain ou de la bière peuvent leur être offerts, mais uniquement à un endroit où ils sont censés les trouver « accidentellement ». Certains cadeaux peuvent les offenser. À cet égard, l'erreur la plus courante réalisée par les mortels souhaitant être prévenants avec leur *brownie* et horrifiés par l'état de désolation de leur habillement, consiste à mettre à leur disposition de nouveaux vêtements. Rien n'offense plus un *brownie* que cela. Il portera peut-être ces nouveaux habits mais quittera sûrement la maison pour toujours, malgré sa légendaire dévotion obsessionnelle. Ses derniers mots lors de son départ ont été rapportés ainsi :

Demandez à votre chat

Appartenant à l'élément terre, les fées domestiques ressemblent souvent aux gobelins en apparence. La meilleure manière de découvrir si vous en avez un consiste à poser la question à votre chat, si vous en avez un. En effet, les fées accueillent les chats dans leur monde et on dit que si une fée, par exemple un *brownie*, est présente dans la maison, le chat le sait et en avertit le propriétaire. Bien entendu, il est de la responsabilité du maître de comprendre le langage de communication du chat. C'est pourquoi il est utile de lui poser directement la question. Si la réponse est « oui », le chat hochera la tête et clignera des yeux une fois.

« Qu'avons-nous ici, du chanvre, du chanvre !
Je ne marcherai plus ici, ni ne poserai plus mon pied. »

Le *dobby*, elfe domestique

Rendu célèbre par la série des Harry Potter de J.K. Rowling, le *dobby* est un elfe domestique qui a longtemps eu une réputation de cousin du *brownie* extrêmement gentil et bienveillant. Comme le brownie, le dobby – également appelé Maître – apparaît la nuit pour accomplir les tâches ménagères laissées en suspens. Dans le Sussex (Angleterre), Maître Dobbs, comme on l'appelle ici, est très gentil à l'égard des personnes âgées, qui sont susceptibles d'accepter son soutien et son assistance autour de la maison.

Les dobbys ressemblent aux brownies, à ceci près qu'ils sont plus minces et n'ont pas de nez, juste des narines. Dans certaines régions, ils ont même des mains palmées, hormis le pouce.

Les hobbits, des travailleurs qualifiés

Les *hobbits*, également appelés *hob*, ressemblent aux brownies en apparence. Toutefois, ils sont spécialisés dans certains types de tâches, contrairement à leurs cousins touche-à-tout et ils peuvent devenir mauvais s'ils s'ennuient. Ils ont tendance à s'attacher aux familles dans le besoin.

L'un d'eux, nommé *Hobhole Hob,* qui vivait non pas dans une maison mais dans sa propre grotte, était connu pour soigner la coqueluche. Les parents emmenaient leurs

Hob sans tête

Tous les *hobbits* ne sont pas forcément bienveillants. Il existe un conte sur un hobbit sinistre, appelé Hob sans tête, qui hantait une route du nord du Yorkshire, en Angleterre. Par chance, il ne pouvait pas traverser la rivière qui serpentait entre les arbres et était donc cantonné à une zone définie. Parmi ses nombreuses activités, il aimait bondir sur les voyageurs non méfiants pour les effrayer, changer le sens des panneaux et faire déraper les voitures sur la route. Il finit par être exorcisé et chassé dans un trou sous une grosse pierre sur le bord de la route pendant 99 ans et un jour. La pierre est ensorcelée et selon une croyance, toute personne s'asseyant sur cette pierre ne pourra plus jamais se relever – un sortilège dont personne n'a testé le pouvoir, sans surprise. Les 99 années sont maintenant presque achevées, de sorte qu'il risque d'y avoir de nouveaux problèmes avec Hob sans tête dans cette région.

enfants malades dans la grotte et murmuraient :

« Hobhole Hob, Hobhole Hob !
Mon enfant a attrapé la coqueluche.
Soignez-le, soignez-le ! »

et l'enfant était guéri.

Dans d'autres régions du monde, les *hobbits* sont connus sous des noms différents. Par exemple, à Cologne, en Allemagne, les *heinzelmann* ou *heinzelmmanchen*, sont des fées domestiques amicales qui travaillent la nuit dans des boutiques, souvent des boulangeries, avec tellement de savoir-faire qu'ils n'ont besoin que de peu d'assistants. Il est impossible de décrire leur apparence car personne ne les a jamais vus, mais leur travail est au-dessus de tout soupçon et leur savoir-faire toujours apprécié.

« Notre femme de ménage »

Les *bean-tighe (ban-tee ou ban-teeg),* ce qui signifie « femme de la maison », sont des fées ménagères irlandaises douces et gentilles, que l'on appelle parfois simplement « notre femme de ménage ». Ces créatures se présentent comme de vieilles dames minuscules, au visage creusé de fossettes et sont vêtues de vêtements démodés de paysans. Choisissant une maison de mortels pour y vivre, elles adorent aider les mères à s'occuper de leurs enfants, de leurs animaux domestiques et des tâches ménagères. Si vous habitez une maison avec des enfants et une cheminée dans une zone rurale, vous pourrez peut-être obtenir l'aide d'une *bean-tighe* pour tenir la maison à vos côtés. Appelez-en une en offrant son mets favori : des fraises à la crème. S'il s'en présente une, elle bénira votre maison et tous ses habitants, même si elle décide de ne pas rester.

Une fée ménagère.

La fée des dents

Dans certaines traditions féeriques européennes, les *brownies*, ou elfes domestiques, effectuent des tâches utiles ou échangent des trésors de valeur contre des choses triviales ou inutiles pour les mortels. La fée des dents, qui remplace la dent de lait cachée sous l'oreiller d'un enfant par une pièce, a été adoptée par les parents contents à l'idée de faciliter la capacité d'un enfant à se séparer de quelque chose lui appartenant. Cependant, les fées sont connues pour donner de la valeur à ces dents – tout comme les Vikings, qui payaient des « droits de dent » d'un certain montant contre une dent de lait de valeur. Jadis, ces objets de grande valeur étaient censés éloigner les sorcières et les démons.

Les *boggarts*– fées semeuses de troubles

Les *boggarts* sont à l'opposé des *brownies* (qui sont utiles dans la maison). Certains pensent que les deux genres sont cousins, d'autres sont d'avis que les *brownies* sont des *boggarts* qui ont mal tourné, souvent à la suite d'une insulte aux mortels, qu'elle soit réelle ou imaginaire. Les deux genres sont invisibles, sauf s'ils décident du contraire. Le *boggart*, cette créature terrestre causant des ennuis, est sale et d'apparence négligée et presque toujours de mauvaise humeur. Le seul moment où il ne l'est pas, c'est quand il prend un malin plaisir à jouer un tour pendable à un membre du foyer. Si votre maison connaît plus que son compte de tourments, c'est peut-être parce qu'un *boggart* y a élu résidence.

Des coups entendus la nuit

Les signes classiques montrant que vous êtes assez malchanceux pour partager votre maison avec un *boggart* incluent votre maladresse inhabituelle et le désordre de votre logis malgré vous. Par exemple, si vous êtes sûr de poser une tasse ou un verre avec précaution sur la table et qu'il tombe malgré tout, répandant son contenu partout, c'est que vous vivez sûrement avec un *boggart*. Pouvez-vous constater que les câbles électriques s'enchevêtrent de manière désordonnée ? Les *boggarts* adorent faire ce genre de tour. De la même façon, une tartine tombera toujours du côté beurré si vous vivez avec cette créature qui traverse la pièce en trottinant, invisible, et la retourne dans les airs.

Ces êtres féeriques adorent sauter sur le plancher quand vous essayez de vous endormir, ouvrir et fermer des portes qui grincent et faire des bruits forts et étranges. Parfois, juste pour le plaisir, ils peuvent faire tomber une assiette posée dans la cuisine ou faire glisser un bibelot d'un napperon, parce qu'ils aiment voir cette chère porcelaine se briser en morceaux.

Des résidents permanents

La mauvaise nouvelle, c'est que quoi que vous fassiez, il est quasiment sûr que votre *boggart* restera chez vous. Les sentiments négatifs à son égard, aussi forts soient-ils, ne le dérangent pas, lui qui s'épanouit dans une atmosphère de frustration et de tracas. Des personnes ont tenté de les exorciser, ce qui marche parfois. D'autres recommandent de leur donner le change en devenant aussi embêtant avec eux qu'ils le sont avec vous, par exemple en chantant faux à tue-tête ou en sifflant, ou encore en accrochant des cloches aux portes et en faisant du bruit avec les poêles et les récipients quand vous cuisinez. Toutefois, le problème avec cette méthode, c'est que vous augmentez l'enjeu pour le *boggart*, qui risque de redoubler d'efforts – et si vous ne vivez pas seul, les autres personnes risquent de ne pas être d'accord.

Traditionnellement, les *boggarts* aiment particulièrement les comtés anglais de Lancashire et de Yorkshire, comme le reflètent plusieurs noms de lieux là-bas : Boggart's Clough et Boggart's Hole, par exemple. Et quand les mortels, rendus fous par un *boggart*, décident de déménager, ils se rendent vite compte que cette créature les a accompagnés, et ce où qu'ils aillent.

Un boggart semant le trouble.

Décourager l'intrusion

Pour vous protéger de l'intrusion d'un *boggart* chez vous, plantez des clous en fer sur les rebords des fenêtres et suspendez des fers à cheval devant vos portes. Cette tactique ne chassera pas les *boggarts* déjà en résidence mais cela empêchera les nouveaux de s'y introduire.

Tours féeriques espiègles

Les fées terrestres, comme les *boggarts*, ne sont pas les seules à semer le trouble chez les mortels. Les fées aériennes se délectent à jouer des tours inoffensifs aux humains, juste parce qu'ils en sont capables.

Tours bruyants

Même les chats – qui reçoivent pourtant un traitement spécial de la part des fées – n'échappent pas aux horribles attentions des *boggarts*, qui leur tirent la queue et les poils et les font hurler. Les chiens détestent les *boggarts*, qui les tourmentent, si bien qu'ils ne cessent d'aboyer. Ces créatures poussent même doucement les bébés endormis pour les faire pleurer. Ces méfaits leur donne de la joie car le bruit provoqué tourmente les humains.

Les fées aériennes n'adoptent pas un comportement réellement méchant, dans le sens où le font les fées méchantes ou de mauvaise humeur – elles ne pinceraient ni ne feraient jamais un croche-pied à quelqu'un. Cependant, elles se délectent vraiment dans l'irrationnel. C'est pourquoi il reste toujours un couvert – souvent une cuillère – au fond de l'évier une fois l'eau de vaisselle évacuée.

La reine Mab

Mab, la reine des fées de la nuit, est souvent décrite comme malicieuse. Elle exigeait que tout soit rangé avant que les personnes aillent se coucher. Si ce n'était pas le cas, les fées pinçaient les offenseurs :

« Lavez vos sceaux et nettoyez
la laiterie.
Les souillons sont répugnantes
pour les fées :
Balayez votre maison ; celui qui
n'en fera pas ainsi,
La reine Mab lui pincera l'orteil. »

Robert Herrick

Il est connu que les mauvaises fées ont presque toujours été tenues pour responsables des petits tracas de la vie. Des cheveux humains ou des crinières de chevaux emmêlés, par exemple, sont traditionnellement connus en anglais comme des *elf-locks* (« nœuds d'elfes »). Ainsi, la reine Mab « tresse la crinière des chevaux la nuit et met les « nœuds d'elfes » au four dans des poils crasseux qui, une fois démêlés, portent malheur » et commet d'autres actes malicieux, comme nous le raconte Mercutio dans *Roméo et Juliette*, de Shakespeare (Acte I, scène 4).

L'or féerique

Il n'est pas surprenant dans le monde féerique imprévisible que deux croyances totalement contradictoires soient liées au

Queen Mab (La reine Mab), *Henry Fuseli, 1814, huile sur toile.*

concept d'or féerique. L'un des thèmes récurrents est que tout cadeau féerique qui semble sans valeur, comme des feuilles mortes ou des copeaux de bois, se changent en or. L'autre thème, une croyance issue des terres celtes, prétend tout le contraire : l'or féerique a l'air précieux mais il est en fait sans valeur, juste frappé d'enchantement (voir page 20). Les fées se blessent si elles touchent de l'or, ce qui renforce l'idée celtique selon laquelle elles n'utilisent que de l'or féerique dans leurs échanges avec les humains, lequel se transforme en copeaux au premier lever du soleil suivant leur création.

Les moutons

Les moutons gris se cachant derrière les portes, dans les coins et sous les meubles sont prisés des méchantes fées, qui peuvent les accrocher dans vos cheveux, formant des nœuds pendant votre sommeil. Tremper les nœuds ou des mèches de cheveux dans du savon est un autre de leurs tours. Bien sûr, si elles en ont la possibilité, elles feront aussi tomber une poussière sur l'objectif de votre appareil photo.

Les distractions des fées

En plus de leur plaisir pour les farces classiques, les fées en ont découvert de nouvelles, issues du monde moderne. Voici quelques moyens qu'elles ont trouvé pour s'amuser aux dépens des mortels :

☆ Faire échapper les lentilles de contact des doigts des gens.

☆ Pousser les crayons et les stylos pour les faire rouler et tomber du rebord des bureaux.

☆ Voler des stylos ou leur capuchon et donner un coup de pied dedans pour les faire atterrir dans votre poche et les faire fuir.

☆ Cacher une petite pièce d'un meuble à monter soi-même et le reposer en vue juste au moment où vous pensez avoir fini de le monter.

☆ Sauter sur le clavier de votre ordinateur pour faire planter de manière inexplicable le logiciel avec lequel vous travaillez.

☆ Se servir des mets délicieux, comme du gâteau succulent, en chapardant des tout petits morceaux sous le nez de ceux qui les mangent.

☆ Tirer les ficelles pendantes des pull-overs ou l'ourlet des vêtements, ou encore filer les collants.

☆ Faire des taches sur des vêtements propres.

☆ Tirer sur les boutons pendants et délacer les chaussures.

☆ Danser sur les ampoules électriques avec les pieds mouillés jusqu'à ce que la lumière vacille et s'éteigne.

☆ Éteindre les allumettes quand vous essayez d'allumer des bougies.

☆ Faire tomber de petits objets pointus dans les chaussures pour vous faire une mauvaise surprise quand vous les enfilerez.

☆ Vous tenir éveillé la nuit en vous chatouillant alors que vous commencez à vous endormir ou sauter sur votre bras ou sur votre jambe pour vous réveiller subitement.

☆ Chatouiller les chiens pour les faire se gratter. Un chien qui se gratte est peut-être ennuyé par une fée, et non par des puces. Les fées aiment aussi chatouiller le bout du museau des chiens pour les faire éternuer, ce qu'elles ne feraient jamais avec un chat.

Le côté obscur des fées

Les fées malveillantes infligent des maladies, la malchance et même la mort, lorsque bon leur semble. Les mortels qui ne font rien de mal deviennent malgré tout les victimes d'esprits sinistres provenant du côté obscur du monde féerique ; quant à interrompre des festivités féeriques (voir pages 52-57), cela est une offense punissable de mort ou de folie.

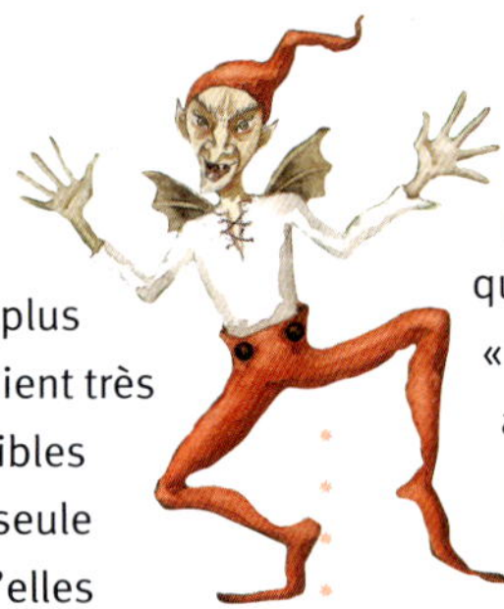

Dans l'ancien temps, lorsque nous étions plus proches de l'ordre naturel des choses et que les fées avaient plus de pouvoir, les fées du mal étaient très craintes à cause des maux terribles qu'elles pouvaient infliger. La seule manière d'éviter les dégâts qu'elles pouvaient faire consistait à être respectueux envers toutes les fées et à trouver des moyens de les apaiser.

De vilaines manières

Certains blessures et affections dont souffrent les mortels sont reconnues comme étant causées par les fées. Les contusions inexplicables, par exemple, étaient jadis dues au pincement par de méchantes fées. Ce que nous appelons aujourd'hui « accident vasculaire cérébral » était autrefois nommé « attaque », et la croyance voulait que cette affection fût causée par des elfes qui provoquaient une « attaque » à leurs victimes. Nous disons que quelqu'un a une « attaque » de folie.

Chaque nuit, des personnes souffrant de tuberculose ou, comme on l'appelait avant, de consomption pulmonaire, étaient emmenées par les fées, bien qu'elles n'eussent gardé aucun souvenir de ces enlèvements nocturnes. Les victimes des « coups des elfes » avaient des blessures invisibles qui pouvaient les rendre malades et les faire mourir mystérieusement. Les personnes bercées d'illusions par un sortilège ne pouvaient plus percevoir la réalité et devenaient souvent obsédées par le leurre de la richesse et de la beauté.

Une méchante fée pleine de rage peut cracher dans l'œil d'un humain et provoquer un strabisme, voire même la cécité, tandis qu'un regard particulier peut faire tomber la victime dans une transe et lui faire perdre toute mémoire ou bien la faire tomber dans un sommeil proche du coma.

Ferdinand Lured by Ariel (Ferdinand trompé par Ariel), *Sir John Everett Millais, 1849-1850, huile sur panneau, The Makins Collection.*

Mesures de protection

Dans le monde entier, les gens ont trouvé des moyens de se protéger des terribles pouvoirs de ces êtres surnaturels. En Grande-Bretagne, porter une baguette de noisetier ou un rameau de sorbier protégeait contre les sortilèges féeriques. Retourner ses chaussettes ou ses poches était une autre méthode efficace. Si les mortels craignaient des enlèvements nocturnes, ils pouvaient se protéger en plaçant un fer à cheval sous leur lit ou en accrochant un coussin d'épingles derrière la porte.

Les sortilèges féeriques

Pour faire offense, les fées ont apporté de la malchance dans les foyers sous de multiples formes, de sorte que nos ancêtres devaient être constamment sur leurs gardes. Les fées du mal frappaient où elles pouvaient faire le plus de mal, par exemple en faisant perdre la récolte ou en provoquant de grands malheurs. Certaines fées particulièrement méchantes cherchaient des enfants pour leur faire du mal. En Allemagne, par exemple, les *pilwiz*, créatures malveillantes ressemblant à des gobelins et dont les gros orteils sont munis de faucilles, essayaient de leur faire du mal et en Afrique de l'Ouest, les *abiku* entraient dans le corps d'un enfant, absorbant tout ce que leur hôte avait mangé et bu jusqu'à ce qu'il tombât malade et mourût.

Au Cambodge, les gens faisaient appel à de bonnes fées domestiques pour les protéger des méchantes fées. En France, on répandait des graines de lin sur le sol pour repousser les gobelins – certains sont grincheux et mauvais, tandis que d'autres sont connus pour être carrément méchants.

Au Mexique, la fumée de tabac était utilisée pour disperser les mauvaises fées. À Trinidad, porter un miroir sur soi protégeait contre la *sukuvan*, une fée malveillante effrayée par son propre reflet.

Des pièges à fées

Le piège à fées, un appareil magique servant à capturer les fées, lutins et autres fantômes dangereux, est conçu à partir d'un gourdin de prunellier et d'un fil en cuivre qui n'a jamais conduit d'électricité. Au cours d'un rituel, on entoure le gourdin avec le fil de cuivre à l'aide de fil rouge et on le marque de la rune *dag* (ou D).

Le piège est ensuite placé à l'entrée de la maison ou à un autre endroit où les fées malveillantes sèment le trouble. Un gourdin de prunellier fendu et muni d'une bougie allumée est placé devant le piège en guise de leurre.

Le prince regarde la Belle dormant, *Jennie Harbour.*

Lorsqu'une fée – ou un autre esprit – est prise au piège, elle est emmenée dans un endroit éloigné où le fil rouge est coupé avec un couteau dédié. Une formule magique est récitée tandis que le fil est placé dans la bouteille de sorcière qui a été préparée pour emprisonner la fée, puis la bouteille est bouchée et scellée à la cire rouge avant d'être enterrée. Un buisson d'épines est planté sur le site.

Si la bouteille de sorcière contenant la fée est trouvée et ouverte, une fée très en colère s'en échappe.

Le sortilège du sommeil

Certains mortels détestent l'idée qu'une fée puisse être mauvaise tout le temps. Ces optimistes sur la nature des fées prennent l'exemple de la méchante fée dans *La Belle au bois dormant*, qui est enragée d'avoir être écartée de la fête de baptême. Bien que son apparent mauvais sort ait pour but de causer la mort de la princesse, il conduit finalement à son mariage avec un beau prince.

Bien que la princesse de La Belle au bois dormant reste endormie pendant cent ans grâce au bon sortilège qui la sauve de la mort, les fées sont capables – simplement par curiosité – de condamner un mortel à un état de sommeil laissant la victime dans un flou éternel, ni morte ni vraiment vivante. Les belles mariées, du fait de leur fascination pour les fées, étaient à une époque susceptibles de souffrir de ce sort.

La mariée enlevée

Dans la tradition féerique irlandaise, les hommes roux sont considérés comme chanceux et apparaissent souvent comme le moyen de secourir les mortels pour les libérer de l'emprise des fées.

En l'an 1670 environ, un jeune homme de belle allure et aux cheveux châtain roux vivait dans le comté de Clare. Il était fort et brave et possédait sa propre terre sans personne pour le traiter de haut. Il aimait par-dessus tout se promener dans sa propriété au crépuscule, regardant le soleil se coucher derrière les arbres.

Un soir glacial de novembre, il vit une masse sombre se déplacer le long de la rivière qui séparait sa propriété de la nature sauvage. Il observa et attendit que la masse noire s'approchât, quand il perçut distinctement qu'il s'agissait d'une armée de fées portant une civière sur leurs épaules, sur laquelle reposait un défunt recouvert d'un tissu blanc. Elles posèrent leur fardeau, apparemment pour se reposer.

La curiosité du jeune homme l'emporta et il tira un coup de feu au-dessus de sa tête. Les fées disparurent dans l'instant, laissant la civière et le défunt sur place. Avec anxiété, le jeune-homme se fraya un chemin jusqu'à lui et souleva le tissu qui recouvrait le visage. Sous la nuit étoilée, il aperçut la silhouette d'une belle jeune fille dans sa robe de mariée, dormant en apparence d'un profond sommeil.

Il la souleva et la porta jusque chez lui où pendant un an elle resta dans une sorte de coma, bien qu'inchangée malgré le fait qu'elle n'absorbât aucune nourriture pendant tout ce temps.

Un an plus tard, jour pour jour, le jeune homme décida de retourner au même endroit près de la rivière et de guetter dans l'espoir d'assister à un événement qui expliquerait l'histoire de la jeune fille. Ses pas le menèrent vers le vieux fort en ruine appelé Lios-na-Fallainge, ou fort de la cape. Comme il passait, il perçut le son d'une musique et une grande hilarité. Il s'arrêta pour écouter les mots qui s'échangeaient et ne tarda pas à entendre un léger murmure.

« Où que nous allions, j'espère que nous aurons plus de chance que nous n'en avons eu cette

Le jeune homme nourrit à la cuillère la jeune fille inconsciente.

nuit-là, il y a douze mois, lorsque nous avons ramené une belle conquête, tout cela pour nous la faire voler. »

« Cependant, dit un autre, il a eu peu de plaisir avec sa mariée, puisqu'elle n'a mangé ni bu ni même prononcé un seul mot depuis son arrivée chez lui. Et il en sera ainsi tant qu'il ne l'aura pas fait manger sur la serviette de table de son père, celle qui recouvrait son corps. »

Entendant cela, le jeune homme se précipita chez lui et, sans même attendre le matin, il entra dans la chambre de la jeune fille, prit la serviette de table, la posa sur le lit et y déposa des morceaux de nourriture. Avec précaution, il en prit une petite cuillère, qu'il mit dans la bouche de la jeune fille endormie. Elle se réveilla immédiatement, s'étrangla d'abord, puis avala.

Voici l'histoire de la jeune fille, telle qu'elle la raconta au jeune homme. Elle était sur le point d'épouser un jeune lord de son comté et les invités étaient tous rassemblés, quand elle se sentit soudain souffrante et se pâma. Ensuite, elle ne se souvint plus de rien, jusqu'à ce que de la nourriture touche sa langue, car elle était frappée du sortilège du sommeil.

Le jeune homme escorta la jeune fille chez son père, dont la joie de la revoir était indicible. Le jeune homme impressionna tellement la jeune fille et son père qu'ils s'accordèrent bientôt à dire que le mieux était qu'il l'épouse. Le couple vécut heureux pendant de longues années et aucun mauvais sort ne s'abattit sur eux, car les fées avaient décidé de les laisser en paix.

Le mauvais œil

L'influence du pouvoir mystérieux et malin du mauvais œil a longtemps été crainte dans tous les pays du monde. Toute personne jeune, belle, talentueuse ou spéciale d'une manière ou d'une autre et qui attire naturellement l'attention et l'admiration, est vulnérable à la vue fatale liée au mauvais œil. Bien qu'il soit donné par des mortels envieux, le mauvais œil coupe un canal de l'individu, le rendant vulnérable aux attentions des fées malveillantes. C'est pourquoi par le passé, les habitants des zones rurales avaient pour habitude de ne jamais louer quelqu'un sans ajouter instantanément « Que Dieu le (ou la) bénisse », car, s'ils omettaient cette expression, les pires conséquences pouvaient en découler pour la personne louée.

Un jour, des mesures draconiennes ont été prises sous forme de loi contre les utilisateurs de l'influence maligne. Le mauvais œil agit comme un esprit malveillant irradiant une atmosphère détestable qui refroidit et détruit son objet. Beaucoup de personnes ont ressenti qu'il existait un tel pouvoir et y ont succombé de manière passive et impuissante, comme si toute l'énergie de confiance en eux était totalement paralysée par son poids.

Les personnes qui détenaient prétendument ce pouvoir étaient prises d'une grande anxiété et les beaux enfants étaient éloignés de leur chemin. Si un enfant tombait malade, quelqu'un était immédiatement suspecté d'avoir oublié l'invocation salvatrice « Que Dieu le bénisse ! », contre la volonté du mal. Rien n'était plus redouté que le regard fixe et franc d'une personne soupçonnée de détenir le mauvais œil. Si celui-ci s'abattait sur quelqu'un ou sur son entourage, ces personnes étaient submergées par une crainte terrible et un tremblement dans leur cœur, ce qui conduisait souvent à une maladie, voire à la mort.

Voleurs de bébés

D'effrayantes histoires de fées volant des nouveau nés et les remplaçant par des substituts sont relatées dans le monde entier. En Arménie, c'étaient les *als* qui étaient les coupables. Ils emmenaient les enfants ou les rendaient aveugles. Au Japon, c'étaient les méchants gobelins, appelés *bakemo*, tandis qu'en Malaisie, les bébés étaient volés par les *bajang*, des fées polymorphes qui prenaient souvent l'apparence d'un putois. Les *devs* enlevaient les enfants en Perse, laissant des substituts dans leurs lits.

Pour chasser les effets du mauvais œil, un morceau du vêtement porté par la personne possédée doit être brûlé pour donner du petit bois qui est ensuite réduit en poudre, puis respiré par la victime dont le front doit être enduit de salive à trois reprises. Les Grecs anciens, eux, ne perdaient pas de temps à cracher trois fois au visage de la personne possédée par le mauvais œil pour chasser le sortilège.

La substitution

Une autre raison de craindre les fées était leur habitude de voler de beaux bébés et d'en laisser un de substitution, qui était en fait une fée transformée en l'enfant. Celui-ci venait à tomber malade et mourait. L'enfant de substitution pouvait aussi être une créature exigeante avec un appétit vorace. L'enfant réel était gardé captif, transformé en une fée.

Pour se protéger de cette destinée, les gens prenaient garde de ne pas parler de la beauté d'un bébé. Pour le protéger, non seulement ils invoquaient la bénédiction de Dieu sur l'enfant mais ils crachaient aussi sur lui, en espérant que les fées penseraient que voler cet enfant n'en valait pas la peine. Les petits garçons étaient particulièrement vulnérables, de sorte que les personnes les habillaient souvent en filles les premières années, afin de tromper les fées. En Grande-Bretagne, les sages-femmes bénissaient les nouveau nés avec trois gouttes d'eau : une pour la paix, une pour la sagesse et la troisième pour la pureté. Elles faisaient aussi parfois une croix avec des rameaux de sorbier, qu'elles suspendaient au-dessus du berceau pour repousser les intentions malveillantes des mauvaises fées.

Même les adultes pouvaient être kidnappés. L'adulte de substitution était reconnaissable à sa voix criarde et à sa personnalité mesquine.

Faeries around a baby's cot (Fées autour d'un berceau), *Warwick Goble, illustration pour The Book of Faerie Poetry (Livre de poésie sur les fées), publié en 1920.*

DEUXIÈME PARTIE

Les paradis féeriques

L'écart entre le monde des mortels et le monde féerique est particulièrement prononcé sur les terres celtes d'Écosse, de Cornouailles, du pays de Galles, d'Irlande et de l'île de Man. Il semblerait que les secrets de la sagesse ancestrale régissant les liens entre les mondes visible et invisible soient détenus en ces lieux et que les parties les plus sauvages soient connues pour y être habitées par les fées

Midsummer Eve (À la Saint-Jean d'été), *Edward Robert Hughes, aquarelle.*

La croyance dans les fées

Des contes féeriques relatant la manière dont ces créatures énergiques se mêlent des affaires des humains ou punissent les gens pour avoir fait intrusion dans leur monde ont traversé les siècles. En retour, les humains ont été effrayés et ensorcelés par les fées. C'est ce que l'on appelle le monde opposé et magique des fées.

La croyance en des êtres surnaturels et invisibles est presque universelle. Des histoires d'événements extraordinaires qui se sont déroulées au croisement des mondes féerique et mortel remontent jusqu'au VIIIe ou au IXe siècle.

À partir de l'époque médiévale, les fées sont devenues un sujet populaire dans la littérature occidentale et c'est à cette période que le terme de « fée » est devenu courant. Néanmoins, même à l'époque où d'autres noms étaient employés pour décrire ces créatures – ni comme des mortelles ni non plus comme des déesses – les fées existaient déjà et les endroits où elles vivaient étaient traités avec respect. Dans la Grèce antique, on parlait de nymphes, tandis que les Arabes racontaient des histoires de *djinns*. En Amérique, les Inuits et autres autochtones américains vivaient dans un monde qu'ils croyaient peuplé de puissantes forces surnaturelles. Il n'existe pas une seule race qui n'ait cru, à une époque ou à une autre, que la terre était peuplée d'êtres surnaturels possédant leurs propres énergies et généralement invisibles à l'homme.

Les farfadets

Dans la tradition féerique, les fées de la nature sont souvent appelées des farfadets. Le mot « farfadet » est le croisement de *fadet*, terme désignant une petite fée, avec le mot italien *farfarello*, nom d'un démon de l'enfer de Dante, ou avec une particule exprimant le renforcement . Il y a plusieurs siècles, en Europe, les elfes étaient souvent appelés farfadets.

De nos jours, nous avons plutôt une vision des fées comme étant de belles petites créatures inoffensives, tandis que pour les nombreux sceptiques, elles n'existent pas du tout. Ce n'était pas le cas pour nos ancêtres. Les contes terrifiants abondaient sur la puissante magie du Petit peuple et étaient relatés à travers les siècles par la très forte tradition orale. Les enfants grandissaient dans la crainte des esprits invisibles avec lesquels ils partageaient leur monde, tandis que les adultes prenaient soin de les apaiser. Les fées du passé étaient redoutées comme de dangereuses et puissantes créatures qui pouvaient à l'occasion se montrer amicales et utiles aux humains, mais pouvaient également se révéler méchantes, voire cruelles.

Les noms des fées

Au cours des siècles, les fées ont été nommées avec différents synonymes et euphémismes dont beaucoup visaient à les apaiser et à gagner leur sympathie, peut-être avec le souhait que, si elles étaient nommées joliment, elles se comporteraient de même. Voici quelques-uns des noms donnés aux fées par ceux qui souhaitaient s'attirer leur bienveillance. La plupart reflètent l'anxiété avec laquelle les fées étaient considérées et le désir de les calmer par la flatterie :

Le Petit peuple ou le Bon peuple,
Les Bons voisins,
Le Peuple honnête,
La Petite noblesse,
Le Peuple de la Paix,
Les Dames vertes.

Une fée des arbres native des Amériques.

Les nymphes, fées des temps anciens

Dans l'antiquité, les gens croyaient en des êtres surnaturels qui n'étaient ni des dieux ni des humains, mais qui étaient révérés comme des esprits de la nature. Ce que les Grecs anciens appelaient les nymphes, nous les appelons les fées.

Le terme nymphe vient d'un mot grec qui signifie « jeune femme » – les nymphes étaient toujours féminines et perçues comme éternellement à la frontière entre l'enfance et l'âge adulte.

Les transitions d'époques ont toujours été associées au Royaume du milieu.

Les artistes représentaient les nymphes comme de charmantes créatures, souvent accompagnées de musique. D'après la croyance, elles étaient les gardiennes des choses vivantes de la nature, des plantes et des arbres aux landes, tourbières, cours d'eau et montagnes. Chaque élément avait sa fée relativement bienveillante, œuvrant pour sa sauvegarde et sa force. Ces créatures étaient responsables de l'harmonie de la nature et de la canalisation de l'énergie – ou force de vie – à travers toute chose vivante.

Les trois nymphes

Bien que les trois nymphes soient parfois vues comme androgynes, elles sont généralement plutôt perçues comme féminines. Timides, ces fées s'aventurent rarement à plus de quelques mètres de leur arbre et sont rarement aperçues, même si l'apparition étrange d'une nymphe dans le creux d'un arbre à la pleine lune a déjà été rapportée.

Il était admis que les nymphes étaient tout à fait susceptibles d'habiter dans les arbres des forêts denses et mystérieuses et que leur vie commençait et s'arrêtait dans un arbre en particulier. Les écrivains et les artistes de l'époque ont souvent décrit les nymphes comme poursuivies par leurs homologues masculins, les satyres.

Les trois nymphes peuvent être réticentes mais elles sont parfois méchantes et sont connues pour avoir joué des tours aux gens. Gardiennes des arbres, des bosquets et des forêts, elles n'ont toutefois pas d'intention maléfique, sauf lorsqu'un humain a nui à sa charge. Elles prononcent alors un châtiment aussi dur qu'il le leur est possible. Dans une forêt, un certain nombre d'armes peuvent être maniées contre les mortels : des branches peuvent soudain tomber sur leur tête ou contre leur visage, leurs chevilles peuvent être attachées avec des ronces, et des épines et brindilles pointues peuvent piquer leur peau.

Pourtant, la plupart du temps, les nymphes des bois sont des êtres doux et mélancoliques, dont la voix chantante est si ensorcelante que les voyageurs traversant une forêt peuvent en perdre toute notion de durée. Si vous vous trouvez dans un endroit reculé, surtout près de chênes, vous avez

The Dryad (La dryade), *Evelyn De Morgan, 1884-1885, huile sur panneau.*

de grandes chances d'être entouré de nymphes des bois. Celles qui occupent tout un bosquet sont les *Alsein Glen*, qui portent des noms différents selon l'arbre dans lequel elles habitent : les Daphnés pour le laurier, les dryades pour le chêne et le saule, les Épimélides pour le pommier, les Leuces pour le peuplier et les Mélia pour le frêne.

Les nymphes terriennes

Ces fées étaient associées aux fonctions naturelles du paysage. Les vallées et les pâturages étaient gardés par les Auloniades ; les Haliades gardaient les zones marécageuses ; les Hespérides se trouvaient dans les jardins ; les grottes et les tunnels souterrains étaient habités par les Lampades ; les Limoniades vivaient dans les prairies ; les Napées dans les vallons boisés et les oréades dans les grottes et les montagnes.

La triste histoire d'Écho

Écho, une nymphe oréade vivant sur le mont Hélicon en Béotie, fut ensorcelée par la déesse Héra pour l'avoir distraite en bavardant avec elle. En guise de punition, Écho était vouée à ne répéter que les derniers mots qui venaient d'être prononcés. Également poursuivie par le roi Pan, elle tomba amoureuse d'un beau jeune homme, Narcisse. Lorsqu'il repoussa ses avances, elle soupira et disparut, ne laissant que l'écho de sa voix derrière elle. Sur les vases, les peintres grecs anciens dépeignaient Écho comme une nymphe ailée, son visage dissimulé par un voile.

Les lieux aquatiques

Tous les lieux aquatiques hébergent des nymphes gardiennes :

Fontaine	Crénées
Marais	Héléades
Eau douce	Limnades
Eau courante	Naïades
Nuage	Néphélées
Mer	Néréides
Océan	Océanides
Source	Pégées
Rivière et torrent	Potamides

Les nymphes aquatiques

Les nymphes aquatiques ont acquis une mauvaise réputation en raison de leur tendance à attirer les beaux jeunes gens dans une tombe aquatique. Les naïades, par exemple, bien qu'elles soient des fées généralement inoffensives, ont pris au piège un jeune mortel, Hylas, qui s'était approché pour puiser de l'eau. Il n'a jamais été revu.

La magie du polymorphisme

La nymphe Aréthuse, amie de la déesse Arthémis, adorait errer librement et profiter de la beauté de la nature. Un jour, tentée par la promesse d'un bain, elle plongea dans un torrent frais. Le dieu de ces eaux, Alphée, se fascina pour elle mais, comme Artémis, Aréthuse préférait rester chaste, de sorte qu'elle refusa ses avances. Confiant malgré tout, il se transforma en chasseur, la poursuivant sur la mer jusqu'en Sicile. Finalement, Aréthuse trouva refuge sur l'île d'Ortygie, près de Syracuse, où elle appela Artémis à la rescousse. Celle-ci répondit à son appel en transformant la nymphe en une source écumeuse.

Hylas and the Nymphs (Hylas et les nymphes),
John William Waterhouse, 1896, huile sur toile.

L'Irlande et les fées

Sur l'île émeraude, les vents d'ouest emportent un murmure de voix venues d'ailleurs, tandis qu'une sensation omniprésente de surnaturel s'étend sur le paysage. Les abris des fées, parfois qualifiés d'habitats agréables comprennent les mystérieux tumulus, les grottes marines, les chemins herbeux et engloutis, les lacs profonds et même les buissons de prunellier isolés.

Dans les années 1940, l'écrivain irlandais Sean O'Faolain raconta comment une habitante de Cork avait été interrogée sur sa croyance en les fées. « Je n'y crois pas..., répondit-elle après avoir étudié la question, ...mais elles sont là ».

L'électricité n'illumine l'ouest rural que depuis les années 1950, et beaucoup de personnes âgées se souviennent des sombres soirées d'hiver dans la maison campagnarde aux nombreux recoins. Les gens se rassemblaient ici pour chanter de vieilles chansons et entendre le *seannachie* (prononcer *shanaki*) raconter des histoires extraordinaires d'événements survenus à des mortels dans la saison haute du calendrier celtique – fête de mai,

« L'Irlande est une terre de brumes et d'ombres mystiques, d'apparitions de nuages sur les montagnes pourpres, de silences étranges sur les collines désertes et de cieux changeants dont les ténèbres les plus profondes alternent avec la splendeur des levers de soleil. »

Lady Francesca Wilde

The Lakes and Mountains of Killarney, Ireland (Les lacs et montagnes de Killarney, Irlande), *attribué à Jonathan Fisher.*

fête de l'été et Halloween –, lorsque s'ouvre la barrière entre notre monde et celui des fées. Le *seannachie* rapportait des histoires d'amour vouées à l'échec entre des hommes mortels et des femmes-fées, comme celles des *púca* polymorphes (voir page 134), des *leprechaun* astucieux (voir page 112) et des *merrows* aux pieds palmés (voir page 47), qui amassaient les esprits des pêcheurs noyés sous des casiers à homards.

Le Royaume périlleux

Dans la tradition féerique irlandaise, l'île féerique – Tir-na-n'Og ou le Royaume périlleux – qui luit à l'horizon de l'océan Atlantique une journée tous les sept ans, a fourni une grande diversité de contes fantastiques. Ce royaume féerique pouvait parfois être aperçu dans les profondeurs d'un lac ou au fond des puits, de même que sous l'océan. Les mythes antiques racontent que le barde *Oisin* (prononcer *oshin*) fut emmené à Tir-na-n'Og par sa fée bien-aimée, Niamh (prononcer *nive*). S'ennuyant de ses camarades, Oisin retourna les rejoindre et les trouva tous morts et oubliés. Au moment où son pied toucha le sol irlandais, il avait 300 ans.

Il existe peut-être une entrée sur Tir-na-n'Og à Lough Gur, un lieu magique situé dans le comté de Limerick. Le lac est encerclé de petites collines, mais une fois tous les sept ans, il s'assèche et l'entrée est visible à ce moment-là. En Irlande, chaque lac possède son *sidhe* (prononcer *shî*) gardien, une des anciennes espèces de fées. La gardienne de Lough Gur était nommée Toice Bhrean (prononcer *cho-ik-breine*), la paresseuse, parce qu'elle oubliait de regarder dans le puits, d'où le lac jaillissait. La légende dit qu'une fois tous les sept ans, un mortel meurt noyé dans le lac – emmené par bean-fionn, la Dame blanche (voir pages 45-46).

La Petite noblesse

On pense que l'ordre social des *sidhe* fonctionne de manière parallèle à la vieille aristocratie irlandaise, qui est en soi le reflet du système celtique ancestral de castes. Du fait de leur apparence grande et noble et de leur langage doux et haut perché, les *sidhe* sont simplement connus comme La Petite noblesse. Leur pays est Tir-Na-n'Og, où ils vivent une vie de jeunesse et de beauté perpétuelles, ne connaissant ni la maladie ni la mort, qui ne viendra qu'au Jugement dernier. Alors, contrairement aux mortels qui reçoivent la promesse de la vie éternelle, les *sidhe* sont voués à l'anéantissement et à l'oubli.

La Petite noblesse

Les origines des sidhe

Le *seannachie* compte beaucoup d'histoires tournant autour des *sidhe*, fées associées à l'élément air, parfois considérées comme une évolution des *tuatha dé danann* (prononcer *Toua-dé-danane*). Il s'agissait des peuples liés à la déesse Dana, qui habitaient l'Irlande avant que l'humanité n'apporte les Gaëls, fils de Mil, également connus sous le nom de Milésiens. Les Gaëls combattaient les *tuatha dé danann* et forcèrent la plupart d'entre eux à fuir l'Irlande. Les élus qui purent rester, menés par leur roi Finvarra, se retirèrent sous terre pour vivre dans des collines creuses – c'est pourquoi les *sidhe* sont parfois appelés le peuple des buttes, où ils bâtissent de grandes cités. Dotés de pouvoirs surnaturels, certains de ces êtres continuent de chercher vengeance en tourmentant les mortels qui vivent sur terre.

Selon une autre version, les *sidhe* auraient un jour été des anges du Paradis,

Substitution de personne

Selon la tradition féerique, tous les sept ans, les fées sont obligées de réaliser un sacrifice en faveur du Prince des ténèbres. Pour sauver les leurs, elles tentent d'enlever une belle jeune-fille mortelle et de l'offrir en sacrifice à leur place.

chassés comme punition pour leur orgueil. Certains seraient tombés sur terre, d'autres dans la mer, d'autres encore auraient été saisis par des démons et attirés en enfer où ces fées malveillantes s'élèvent maintenant pour encourager les humains à la destruction.

De belles jeunes filles, maîtresses dans l'art des fausses apparences, sont dotées du don du chant et douées d'artifices ensorcelants. Sous l'influence de ces sirènes, un homme est susceptible de commettre n'importe quel crime. Une fois son esprit totalement noir, les fées malveillantes l'emmènent en enfer.

Mauvais sort

Dans l'Irlande antique, une grande chef-fée demanda à Saint Columba s'il restait un espoir aux *sidhe* de retourner un jour au Paradis et de retrouver leur place parmi les anges. Lorsque le saint répondit qu'il n'y avait pas d'espoir, le sort des *sidhe* fut fixé, car il en avait été décrété ainsi par la justice de Dieu, et la chef-fée tomba dans la mélancolie. Celle-ci partit avec sa cour voguer loin de l'Irlande, dans l'attente du terrible jour du Jugement dernier, où la race des fées devait disparaître de la Terre.

Sans espoir de regagner le Paradis, les *sidhe* étaient totalement voués à la mort au jour du Jugement dernier, tandis que les humains se verraient conférés l'immortalité. Cette nouvelle minait les *sidhe* d'une envie désespérée d'humanité.

Le roi des fées.

Le roi et la reine des fées

Finvarra, appelé tour à tour *Finvarra, Finn Bheara, Finbeara* ou *Fionnbharr*, est devenu le grand roi des *sidhe* qui avaient choisi de rester en Irlande. Selon certaines légendes de la tradition féerique, il est aussi le roi des morts. Finvarra est un personnage bienveillant qui garantit de bonnes récoltes, des chevaux puissants et de grandes richesses à ceux qui l'assistent. Toutefois, c'est aussi un coureur qui kidnappe beaucoup de femmes mortelles. Dans le comté de Galway, une ruine est juchée sur la colline féerique de Knockma : c'est le château de Finvarra, sous lequel on dit que se trouvent le palais et la cour du roi des fées irlandaises. Celui-ci est mentionné dans les manuscrits datant de plusieurs siècles.

Les femmes *sidhe* portent de beaux cheveux blonds traînant jusqu'au sol. Onagh, la reine des fées, est la plus belle de toutes. Elle porte une robe de gaze argentée scintillante de diamants telles des gouttes de rosée. Elle est plus envoûtante que toute femme sur terre ; cependant, Finvarra passe beaucoup de temps à danser avec des mortelles, qu'il séduit en les attirant dans son palais grâce à sa musique enchanteresse. Celles qu'il garde sont considérées comme mortes par leurs amis et leurs familles endeuillés, alors qu'elles vivent une vie joyeuse dans un beau palais féerique au centre des collines. D'autres dansent toute la nuit avec Finvarra mais sont retrouvées au matin profondément endormies dans leur lit. Néanmoins, avec tout ce qu'elles ont entendu et vu, elles connaissent l'art des philtres d'amour secrets, dont elles peuvent user envers ceux qu'elles désirent.

Les palais féeriques

Dans la tradition féerique irlandaise, les fées sont beaucoup plus nombreuses que les mortelles. Dans leurs palais appelés *sifra* et situés dans les collines creuses et sous la mer, elles cachent de nombreux trésors. Toutes les richesses des navires échoués leur appartiennent, de même que celles que les mortels ont enterrées à l'approche du danger, et qu'ils n'ont pu réclamer avant leur mort. À une époque, tous les métaux précieux des mines et les pierres précieuses leur appartenaient également. Dans le *sifra*, les murs et les sols en cristal sont incrustés de perles et la salle des banquets est éclairée par des diamants cloués aux rochers. Pour trouver l'entrée du *sifra*, il suffit pour un mortel de faire neuf fois le tour de la colline creuse en marchant, un soir de pleine lune.

Un palais féerique.

Les cours *Seelie* et *Unseelie*

Dans la tradition féerique écossaise et irlandaise, les fées font partie de la cour *Seelie* (bénie ou sainte), présidée par Finvarra, ou de la cour *Unseelie* (profane), selon leur nature. Les *sidhe* de la cour *Seelie* sont plutôt bienveillants envers les mortels, retournant les gentillesses sous forme de services, même s'ils peuvent aussi venger les insultes perçues et s'avérer espiègles. Les mortels peuvent les voir le plus souvent au crépuscule, marchant sur le sol tandis que le soleil se couche.

La cour *Unseelie* est composée de fées mauvaises et même malveillantes, qui forment une armée de fées appelées les *sluagh sidhe* (*sluagh* signifie armée). Il n'est pas nécessaire de commettre une offense

pour attirer l'attention des *sluagh sidhe*, qui voyagent dans les airs la nuit, attaquant les voyageurs et tentant même de s'emparer des mortels endormis dans leur lit.

L'armée de fées

En 1972, la commission du folklore irlandais a trouvé des villageois autour de Lough Gur qui parlaient toujours de la Chasse sauvage, parfois appelée Chasse aux morts. Des chiens fantômes, audibles mais invisibles, chassaient leur proie invisible pour l'emmener dans le monde féerique. Les gens pensaient que seules les personnes âgées pouvaient entendre la chasse. Le jour suivant était inévitablement annoncée la nouvelle d'un mort dans les environs. Les *sluagh sidhe* participent à la chasse sauvage avec les esprits agités des morts. L'armée des fées – également appelée *marcra sidhe* ou la cavalcade des fées – peut fort bien se trouver à minuit au-dessus des maisons des mortels ; ces fées effrayantes sont d'ailleurs connues pour avoir capturé des mortels lors de ces voyages.

Venant de l'ouest, les *sluagh sidhe* volent en groupe comme des volées d'oiseaux et tentent d'entrer dans les maisons où quelqu'un est mourant pour lui dérober son esprit. Les fenêtres regardant vers l'ouest sont souvent laissées fermées pour les empêcher d'entrer.

Dans la grotte de Cruachan, dans le comté de Connaught, se trouve la Porte de l'Enfer. Une fois par an, pendant Halloween, la porte s'ouvre et la chasse sauvage commence, avec le *Cu Sidhe* – la meute de l'Enfer – et une volée d'oiseaux rouge cuivré qui détruisent les récoltes de leur souffle empoisonné. Pour les mortels, voyager seul la nuit à cette période était considéré comme extrêmement dangereux ; tout le monde devait prendre bien soin de se protéger contre de tels monstres, qui pouvaient essayer de les attaquer.

Le *Dearg-Dur* est le vampire légendaire en Irlande, l'un de ceux qui fréquentent les fées. Dans certains contes, cette créature prend l'apparence d'une jeune femme pâle s'attardant sur les tombes la nuit et attendant des passants imprudents. Sa beauté est irrésistible, mais lorsqu'elle

L'enchanteresse vampire

Leanhaun Sidhe est une femme-fée séduisante, une enchanteresse cherchant l'amour d'hommes mortels. Parfois décrite comme la muse celtique, elle cible les poètes et autres hommes créatifs, se nourrissant de manière vampirique de leur force vitale jusqu'à leur mort.

embrasse quelqu'un, elle boit son sang, aspirant du même coup son énergie vitale.

Les moyens de défense des mortels

La tradition féerique irlandaise abonde de moyens ingénieux que les gens avaient pour se défendre contre le courroux des fées dépossédées et envieuses. Par exemple, les mortels marchant la nuit pouvaient emporter un morceau de charbon rougeoyant ou de tourbe fixé sur un bâton ou sur une fourchette en guise d'arme. S'enfuir dans un cimetière et sauter par-dessus un cours d'eau étaient d'autres options, car il était connu que les *sidhe* ne pouvaient pas vous suivre dans des lieux consacrés, ni au-delà d'un cours d'eau. Des brins de paille enroulés, d'environ vingt centimètres de longueur, pouvaient être trempés dans de l'eau bénite et le *deisréad* (prononcer *desh-raide*) qui en résultait était emporté dans la main tendue pour éloigner les fées malveillantes.

Le trêfle à quatre feuilles, porteur de chance, est toujours considéré comme protecteur contre l'ensorcellement féerique.

N'insultez jamais les sidhe

Parfois nommés en termes apaisants le Bon peuple, les *sidhe* avaient le pouvoir d'apporter la prospérité à une ferme ou, à l'inverse, de lui retirer leurs faveurs. S'ils étaient délaissés, ils pouvaient se montrer rancuniers. Grâce aux *pishogues*, les sortilèges féeriques, les poules refusaient de pondre des œufs, le lait devenait aigre et le bétail s'égarait. Les fermiers comme les bêtes tombaient malades s'ils étaient touchés par une flèche féerique – de minuscules pointes de flèches néolithiques que l'on trouve encore de nos jours. Les accidents et les morts prématurées constituaient des preuves que les *sidhe* avaient été très offensés.

Construire une nouvelle maison sur un chemin féerique constituait une insulte

Une mauvaise fée.

grave envers les *sidhe* (voir pages 26-27). Dans la tradition féerique irlandaise, les arbres isolées poussant au milieu d'une bergerie, près d'un puits ou au sommet d'une colline sont protégés par les *lunanti sidhe,* les fées gardiennes de la nature. Le prunellier est sacré au point qu'il ne faut pas couper ses branches mortes. En 1891, W.B. Yeats raconta l'histoire de deux fermiers tués par les *sidhe* pour avoir abattu un prunellier – buisson d'épines féerique. Les épines sont dangereuses pour l'homme : une blessure au doigt causée par une épine empirera, tandis qu'une épine dans l'œil provoquera la cécité.

Les leprechaun

Le *leprechaun*, sans doute la fée irlandaise la plus connue, est le chausseur des fées, jouant des tours aux mortels cupides contre la promesse d'un trésor, souvent en frappant ses cadeaux d'enchantement (voir page 20). Il porterait un manteau en grosse laine rouge et un chapeau et son vrai nom est *lobaircin*, ce qui signifie « bonhomme au petit corps ». Pour trouver un *leprechaun*, cherchez autour de vieux châteaux, où il est souvent occupé à fabriquer des chaussures, souvent une seule et non une paire.

Gardiens autoproclamés de l'ancien trésor qui a été enterré dans des cruches et des pots, les *leprechaun* évitent autant que possible les mortels, qu'ils considèrent comme stupides et cupides. S'ils sont pris, ils tirent avantage de ce fait au maximum, comme pourrait en témoigner Tom Fitzpatrick, le fils d'un fermier.

Tom, épiant un *leprechaun* en train de

Un leprechaun.

réparer une chaussure derrière une haie, se glissa vers lui et l'attrapa fermement sans le quitter des yeux – si vous cessez de regarder un *leprechaun*, il disparaît en fumée. Pour découvrir où se trouvait l'or, Tom employa des menaces terribles jusqu'à ce que la créature lui montrât un grand champ de plantes ligulaires jaunes et qu'il pointât la fleur sous laquelle était caché le trésor. Tom marqua la plante en y attachant un lien rouge et, oubliant les avertissements concernant les supercheries des fées, il relâcha imprudemment le *leprechaun* et courut chez lui chercher une pelle. À son retour, il trouva toutes les plantes attachées par un lien rouge. La perspective de richesse de Tom s'était envolée avec le *leprechaun*.

La famille des leprechaun

Le *fear darrig*, qui signifie homme rouge, est un proche parent des *leprechaun*. Il s'habille en rouge – la couleur de la magie – de la tête aux pieds. Joker pragmatique et malveillant du monde féerique, le f*ear darrig* s'amuse beaucoup de la terreur des mortels et il est connu pour infliger à ses victimes de terrifiants cauchemars. Toutefois, s'il est de bonne humeur, le chenapan à la langue argentée peut aider à libérer des mortels captifs du monde féerique.

Un autre parent, le *cluricaun*, est une fée domestique empoisonnante avec une tendance à vider les celliers et les caves à vin. Les soirs de pleine lune, il apprécie les fêtes arrosées dans les campagnes et peut voler ou emprunter presque n'importe quoi, provoquant du remue-ménage dans les maisons des mortels pendant la nuit.

La *banshee*

La *bean-sidhe* (prononcer *Banshi*) prévient les membres de certaines vieilles familles irlandaises du moment de leur mort. Pleurant et gémissant, elle ne hante que cinq familles de la race supérieure des Milésiens : les O'Neill, les O'Brien, les O'Connor, les O 'Grady et les Kavanaghs.

La *banshee* peut apparaître comme un membre de la famille mort jeune ou comme une imposante Matrone bien vêtue ; d'autres fois, elle se présente comme une vieille femme qui a été vue portant une grande cape avec une capuche grise ou une robe d'enterrement, ou encore enveloppée d'un drap. On peut la voir ou l'entendre gémir la nuit, ensevelie et rampant sous les arbres, son visage voilé, ou volant au clair de lune en criant avec amertume. Elle a toujours des cheveux longs et ondulés et des yeux brillants de colère et rouges d'avoir pleuré. On peut aussi la voir lavant les vêtements tachés du sang des personnes proches de la mort. Lorsqu'elle apparaît sous cet aspect, elle est connue sous le nom de *bean-nighe*, c'est-à-dire la lavandière.

Cependant, la *banshee* ne prend pas uniquement l'apparence d'une femme. Elle peut aussi se manifester au monde des mortels sous la forme d'un animal, notamment un oiseau. Les autres animaux qu'elle affectionne sont la corneille mantelée, l'hermine, le lièvre et la belette – des créatures associées à la magie et à la sorcellerie.

"I saw the banshee flying . . ." (J'ai vu la *Banshee* voler), *Florence Harrison, 1912, illustration de la* chanson Elfin

Les hurlements

Comme la *banshee* annonce le décès des authentiques nobles, on peut tout à fait craindre d'entendre son chant funèbre perçant ou ses lamentations. Son cri est lugubre et l'emporte sur tous les autres sons sur terre. Dans certaines régions d'Irlande, on l'appelle la *bean chaointe* – la pleureuse – dont les gémissements sont si puissants qu'ils peuvent briser du verre.

Le dullahan

Le dullahan ou *far dorocha*, qui signifie « homme sombre », est l'un des êtres les plus spectaculaires du royaume des fées. Il agit dans les régions reculées d'Irlande. Vers minuit, sur certains festivals irlandais ou les jours de fête, ce cavalier drapé de noir peut être observé chevauchant un cheval fougueux dans la campagne.

Le *dullahan* apparaît toujours sans tête, mais il l'emmène avec lui, soit à l'avant de la selle de son cheval, soit dans sa main droite levée. Cette tête a la couleur et la texture de pâte desséchée ou de fromage moisi. Une grimace hideuse et grotesque barre son visage et les yeux, qui sont petits et noirs, scrutant comme des mouches. Toute la tête luit avec la phosphorescence des substances pourrissantes et cet être féerique malveillant peut l'utiliser comme lanterne pour se guider le long des chemins sombres de la campagne irlandaise.

Doué d'une vision surnaturelle, le *dullahan* peut tenir sa tête tranchée en l'air pour voir très loin, même dans la nuit la plus noire. Il peut utiliser ce pouvoir, il peut épier l'esprit d'un mourant, où qu'il repose. Le *dullahan* tonne dans la nuit à l'aide d'un colonne vertébrale humaine ou d'un fouet. Le cheval souffle des étincelles et des flammes de ses narines lorsqu'il charge.

Dans certaines régions du pays, comme le comté de Tyrone, le *dullahan* conduit un coche noir surmonté d'un cercueil appelé en irlandais *coiste bodhar*, ce qui signifie coche sourd ou silencieux. Il est tiré par six chevaux noirs le long de chemins verdoyants submergés, avançant si vite que les buissons prennent souvent feu sur son chemin. Toutes les barrières, même les plus fermées, s'ouvrent pour laisser le coche entrer.

L'aspiration des esprits

À chaque voyage entrepris par cette fée très redoutée, sa tête désincarnée ne peut parler qu'une seule fois, et cela uniquement pour appeler par son nom la personne dont elle annonce la mort. Il arrête son cheval qui s'ébroue devant la porte d'une maison, puis il crie le nom de la personne mourante et aspire du même coup son esprit.

Un *seannachie* des montagnes de Mourne, dans le comté de Down, raconte : « J'ai vu le *dullahan* de mes yeux, s'arrêter au sommet de la colline entre Bryansford et Moneyscalp un soir tard, lorsque le soleil se couchait. Il tenait sa propre tête dans sa main et je l'ai entendu appeler un nom. Je me suis bouché les oreilles au cas où ç'aurait été mon nom ; je n'ai donc pas entendu ce qu'il disait. Quand j'ai regardé à nouveau, il était parti. Cependant, peu de temps après, il s'est produit un grave accident de voiture sur cette même colline et un jeune homme a été tué. C'était son nom que le *dullahan* avait appelé. »

Contrairement à l'appel de la *banshee*, celui du *dullahan* tenait plus de l'aspiration de l'esprit d'un mourant que d'un simple avertissement de mort.

Les *pixies* cornouaillais et les fées galloises

Comme dans les autres pays celtiques, les fées cornouaillaises et galloises ne sont ni totalement bonnes, ni totalement mauvaises. Même si les Cornouailles sont réputées pour les apparitions de sirènes, beaucoup d'autres fées y existent aussi. Il s'agit principalement des pixies, connus là-bas sous le nom de Piskies et de leurs pénibles parents les spriggans.

Les pixies de l'ouest du pays

Les *pixies* vivent dans d'autres pays celtiques mais, à part en Écosse, c'est dans l'ouest de l'Angleterre qu'ils sont le plus répandus. Ils s'épanouissent dans les marécages. À Dartmoor, dans le Devon, l'expression « *to be pixie-led* » signifie être dans un état proche de l'enchantement ou de la transe – comme ailleurs, avec les fées.

Les *pixies* cornouaillais ont les cheveux roux et sont vêtus de mousse, d'herbe et de lichen. Ils sont espiègles mais pas malveillants. Par exemple, ils aident les personnes âgées mais égarent les voyageurs robustes sur les landes sauvages. Les mortels choisissent souvent d'éviter les repaires de ces créatures, dont on pense qu'ils comprennent des cercles de pierres étranges et des tumulus.

Les bénédictions de la mère

Dans le sud du pays de Galles, la référence aux fées concerne principalement *Bendith Y Mamau* – les bénédictions de la mère. Bendith Y Mamau étaient particulièrement enclines à voler de jeunes enfants et à les remplacer par leurs propres substituts, appelés *crimbils* en gallois. Selon la croyance, les fées devaient augmenter leur stock de sang de mortels.

Les *spriggans*

Bien qu'étroitement liés aux *pixies* espiègles, les spriggans sont d'une nature plus sombre et plus dangereuse que leurs cousins. Les *pixies* sont gais et aiment s'amuser, tandis que les *spriggans* sont rancuniers et jouent des tours espiègles aux mortels pour les tourmenter. L'un des méfaits favoris de ces derniers consiste à amener les voyageurs isolés dans des marécages ou près de dangereuses falaises en éboulement – une habitude cruelle qu'ils partagent avec les *will o' the wisp* (voir page 119).

Les *spriggans* sont affreusement laids avec des traits desséchés et un corps squelettique et tordu. Ils hantent les endroits isolés comme les châteaux en ruine, les tumulus, certaines pierres érigées et les rochers escarpés battus par les vents.

Une fée appartenant aux tylwyth teg.

Les tylwyth teg

Les fées *tylwyth teg* du pays de Galles vivent auprès de leur roi, *Gwyn ap Nudd,* sur la terre enchantée, qui est ce que les Gallois appellent le monde féerique. Elle se trouve sur les berges creuses qui surplombent les parties les plus profondes des lacs et des rivières, spécialement où pousse la digitale pourpre. Les mortels ne peuvent les suivre au-delà de l'eau.

Tylwyth teg signifie « famille blonde » et fait référence à la chevelure blonde et ondulée des femmes. Comme d'autres fées, celles-ci choisissent parfois des époux mortels, à ceci près que les Gallois qui ont épousé une femme-fée trouvent qu'elles mettent longtemps à regagner leur peuple.

Les nuits de pleine lune, les *tylwyth teg* célèbrent une *noswaith lawen* (une joyeuse nuit). À minuit, les fées sortent de terre, de

Jack O'Lantern, *Arthur Hughes, 1872, huile sur toile.*

toutes les vallées et de toutes les berges, et se donnent la main pour former des cercles. Elles chantent et dansent jusqu'au chant du coq, où elles disparaissent alors. Les nuits sans lune, elles peuvent porter des vers luisants pour éclairer leur chemin. D'après de nombreuses histoires, le temps passe beaucoup moins vite dans leur royaume que dans le nôtre, de sorte qu'une journée sur la terre enchantée peut aussi bien correspondre à un an qu'à cent ans dans le monde des mortels. Cette différence pourrait s'avérer catastrophique pour les mortels qui reviendraient du monde féerique.

Les will o' the wisp

Il semblerait que les lumières mystérieuses qui guident les voyageurs des sentiers bien tracés vers les marais traîtres soient portés par un *will o' the wisp*. De nombreuses histoires entourent ces fées dangereuses. Un soir, un homme rentrant tard chez lui dit avoir vu une lumière vive bouger devant lui. En regardant de plus près, il vit que la lumière était une lanterne tenue par un « petit personnage au teint mat », qu'il suivit sur plusieurs kilomètres. À sa grande surprise, il se trouva soudain debout au bord d'un gouffre avec un torrent rugissant sous lui. À ce moment, le personnage tenant la lanterne sauta la crevasse, porta la lumière au-dessus de son visage et eut un rire méchant, après quoi il souffla la lampe, laissant l'homme loin de chez lui, debout dans l'obscurité la plus totale et au bord d'un précipice.

Dans certaines régions, la légende dit que les *will o' the wisp* sont les gardiens d'un trésor, conduisant les mortels assez courageux à le suivre pour devenir riches. Dans d'autres contrées, ces fées mystérieuses apparaîtraient juste au moment où va se produire une tragédie. Les *will o' the wisp* éclairent également le chemin des processions funéraires des mortels

Les will o' the wisp régionaux

Des fées ressemblant aux *will o' the wisp* existent partout en Grande-Bretagne. Voici les plus connues :

Joan the Wad	Cornouailles, Somerset
The Lantern Man	Royaume des Angles de l'est
The hobby lantern	Hertfordshire, Royaume des Angles de l'est
Peg-a-Lantern	Lancashire
Sunkies	Basse Écosse
Will o' the Wikes	Norfolk
Jenny with the Lantern	North Yorkshire, Northumberland
Hinky Punk	Somerset, Devon
Will the Smith	Shropshire
Hobbedy's Lantern	Warwickshire, Gloucestershire
Jack a Lantern (feu follet)	Ouest du pays
Pinket	Worcestershire

Les *will o' the wisp* sont aussi appelés les chandelles des morts, en association avec les cimetières et les processions funéraires, et *ignis fatuus*, terme latin qui signifie « feu follet ».

L'Écosse et les fées

Autour des mers agitées et des falaises escarpées des côtes écossaises, dans les forêts inapprivoisées de l'intérieur des terres et dans les maisons des humains, résident des variétés de fées éclectiques. Même lorsque les gens ne peuvent ni les voir ni les entendre, elles sont perçues comme éternellement présentes.

En Écosse, différents noms sont utilisés en référence aux fées, comme le Peuple tranquille, le Peuple de la paix, le Petit peuple et les Rôdeurs. Le mot désignant une fée associée à l'élément air est *sith* (prononcer *chî*), comme les *sidhe* irlandais. Tout comme les fées irlandaises, les *sith* vivent dans des collines creuses à travers lesquelles passe la musique ensorcelante dans l'air de la nuit ; elles se rassemblent aussi en cours Seelie et Unseelie. Comme en Irlande, la cour Unseelie est totalement malveillante ; en Écosse les gens ont rapporté que ces fées forment un épais nuage noir suivant les vents de nuit, dont se dégagent des gloussements et des gémissements troublants.

Les fées terriennes

Dans toute l'Écosse, les fées terriennes vivent avec les mortels pour le meilleur et pour le pire. Les fées domestiques, telles que les *brownies* (voir pages78-82), cherchent des maisons méritantes, dont les habitants sont humbles et gracieux ; toutefois, elles n'aiment pas les chats et quitteront les maisons où ils vivent. Les *brownies* portent des costumes verts, bleus ou marron avec de petites capuches de feutre. Ils préfèrent avoir leurs quartiers dans le grenier, dans la cheminée ou dans la cave de leur hôte mortel.

Dans les îles Shetland et Orkney, d'autres fées domestiques, les *trows*, s'activent la nuit. Ces fées sans jambe et rondes se meuvent en faisant rouler leurs formes bulbeuses ou en rebondissant comme des balles en caoutchouc. Elles aiment cacher des objets à des endroits improbables.

The Nymph, « Now Again She Flies Aloof » (La nymphe, « Elle vole de nouveau à distance »), *Thomas Cooper Gotch, aquarelle sur papier.*

Par ailleurs, les gnomes, parents des *brownies*, vivent dans les profondeurs d'ancestrales forêts d'Écosse sous de vieux chênes, où ils bâtissent leurs abris dans les racines tortueuses. Ils sont considérés comme protecteurs de la vie sauvage et sont adeptes de la guérison par la magie des animaux malades ou blessés.

Les *buachailleen*, petits hommes-fées souvent appelés « les garçons attroupés », sont des polymorphes espiègles, vus principalement dans les zones rurales en été et portant de petits chapeaux rouges qui peuvent être des chapeaux de fleurs inversés. Les pâtres sont protégés des *buachailleen* par la *Gruagach*, également connue comme la gardienne de troupeaux, qui défend les animaux et les mènent aux points d'eau. Cette fée féminine et solitaire, d'apparence grotesque, porte une robe verte et tient un bâton de berger. Ayant toujours froid, elle apprécie de s'asseoir près d'une cheminée de mortel, d'où son autre nom : « celle qui s'assoit au coin du feu ». Elle s'occupe de la maison et des troupeaux en échange d'un endroit au coin du feu. Les montagnards continuent de verser du lait dans des pierres creuses en offrande à la Gruagach.

Le *fachan* est une fée moins bien accueillie. Il possède un élément de tout : une tête, un œil, une oreille, un bras, une jambe, un pied, un orteil, etc., au milieu de

Une fée des bruyères.

son visage et de son corps, qui sont tous deux munis de poils et de plumes. Il porte un méchant gourdin hérissé de pointes, qu'il balance pour chasser les visiteurs de sa maison, au sommet des plus hautes montagnes des Highlands.

Les *pixies* sont des petites fées ailées possédant une tête trop grosse pour leur corps, des petites oreilles et un petit nez pointus. Elles considèrent la digitale pourpre et les champignons vénéneux comme sacrés et aiment se vêtir de plantes. Les *pixies* apparaissent surtout pendant Beltaine. Leur minuscule reine fée serait d'une beauté incomparable. Les rassemblements de fées communautaires – qui aiment la danse et la musique – dans le nord de l'Angleterre et en Écosse, s'appellent les foires des *pixies*. Ces fées craignent le fer, qui les tuent à leur contact. Leurs cousines les fées des bruyères sont des créatures espiègles munies de délicates ailes translucides. Elles vivent dans les landes de Basse Écosse couvertes de bruyères.

Les fées des arbres

Les dryades, fées du monde antique logeant dans les arbres, vivent dans tous les pays celtiques, particulièrement en Écosse. On les trouve surtout dans des triades de chêne, de frêne et de prunellier ou de sorbier, de bouleau et de sureau. Il semblerait que les saules où vivent des triades de fées se déplacent la nuit, cherchant de nouveaux emplacements pour y enfoncer leurs racines en chantant de belles chansons qui captivent les mortels.

Les personnes se promenant dans des bois enchantés doivent faire attention de ne pas se faire attraper par les longs bras verts du *ghillie Dhu* qui les entraînerait dans le monde des fées pour toujours. Jadis, les forêts écossaises étaient fortement peuplées de ces fées gardiennes des arbres, mais on dit que de nos jours elles se font rares, bien que leur polymorphisme et leur habitude de se déguiser en feuillage rendent ces faits difficiles à confirmer. Les *ghillie dhu* sont plus actifs la nuit et préfèrent les bouleaux aux autres arbres, les protégeant jalousement des humains.

Les fées aquatiques

Connue pour ses lochs et ses rivières, à des miles de la côte la plus proche, des îles et des rochers émergeants, l'Écosse attire un ensemble fascinant de fées aquatiques. Les *ashray*, mâles et femelles, ressemblent à de jeunes mortels, bien que vraiment anciens. Leur peau blanchâtre est presque translucide ; elles sont principalement actives la nuit sous l'eau, ne pouvant vivre sur terre. Si elles sont touchées par le soleil, elles fondent en une flaque d'eau aux couleurs de l'arc-en-ciel.

Les oiseaux aquatiques fériques peuvent parfois être aperçus le long des côtes écossaises. Ce sont des *boobrie*, hauts d'une trentaine de centimètres et munis de plumes noires, de grandes serres aiguisées et d'un énorme bec d'un mètre. Cette fée des eaux s'active essentiellement la nuit et peut se transformer en cheval et galoper sur l'eau, donnant ainsi l'impression aux marins qu'ils ont vu un cheval fantôme.

Bien que ces créatures à nageoires fuient les contacts avec les mortels, elles ne leur veulent pas de mal et vivent sous les lochs dans leur propre monde subaquatique, où elles aiment jardiner dans un paradis de fleurs et de feuillage luxuriant. Elles sont aussi appelées les gardiennes marines.

Fée aquatique solitaire, la *ly erg* apparaît sous la forme d'un petit soldat levant sa main droite rouge – du sang des personnes

Les phoques aux yeux brillants

Les *selkies* du nord de l'Écosse et des îles sont des fées marines ressemblant à des phoques qui viennent souvent danser sur la terre ferme, surtout les nuits de pleine lune, muant pour devenir de belles jeunes femmes aux mains et aux pieds palmés. Si un homme cache une mue de phoque *selkie*, celui-ci s'affaiblira jusqu'à ce qu'il la retrouve et puisse alors se glisser sous les vagues, dans sa vraie maison.

qu'elle a tuées au combat – donnant aux mortels un présage de mort. On la trouve sur le bord des routes isolées, près d'un point d'eau.

Les *urisk* vivent aussi près de l'eau, mais dans des forêts isolées. Ces fées bienveillantes et intelligentes sont si laides qu'on leur reproche d'avoir effrayé à mort des humains. Elles sont ridées et ont des poils par plaques et des plumes de canard dans le dos et le cou, et sur leur corps émacié est juchée une tête énorme et difforme.

Les côtes écossaises sont réputées héberger des sirènes (voir pages48-51) mais elles sont aussi peuplées d'une race de fées marines malveillantes appelées les Hommes bleus de l'île de Muir. Ces créatures très redoutées provoquent des orages dans la mer du Nord et lancent des grosses pierres sur les navires qui passent.

Les *nucklelavee* (voir pages 46-47) sont un autre groupe de fées marines mal disposées, natives des îles Hybrides. Ces créatures puantes et munies de nageoires, mi-humain, mi-cheval, peuvent prendre la forme de leur choix et choisissent généralement d'apparaître aux mortels sous l'apparence la plus hideuse possible. Les *nucklelavee* aiment sortir de l'eau et pourchasser les humains juste pour les effrayer. La seule manière de leur échapper est de traverser un cours d'eau, comme un ruisseau ou une rivière.

Glaistig, la Dame en vert

Cette fée solitaire des Highlands écossais a la partie supérieure d'une femme et la partie inférieure d'une chèvre. De longs cheveux blonds tombent le long de son corps et sa peau est mate ou grisâtre. Elle porte généralement une longue robe verte pour couvrir sa moitié inférieure. Mi-fée terrestre, mi-fée aquatique, son nom signifie en gaélique « lutin des eaux ». Elle erre dans les lochs et les rivières isolés et est considérée à la fois comme bienveillante et comme malveillante envers les humains. Il semblerait qu'à une époque, elle était une femme noble qui fut châtiée par les fées qui exaucèrent son désir d'en devenir une.

La *glaistig*, tout comme la banshee (voir page 113), est connue pour gémir au décès de notables mortels, mais elle est aussi perfide, lançant des pierres et égarant les voyageurs de leur chemin. C'est une mauvaise camarade pour les enfants, mais une bonne gardienne de troupeaux domestiqués comme de cerfs sauvages. Par exemple, dans le village de Ach-na-Creige, sur l'île de Mull, une *glaistig* servait de gardienne au bétail des environs et il était coutume de verser du lait dans une pierre creuse dans l'enclos du bétail en guise de présent pour elle. Ce petit cadeau était le seul paiement qu'elle demandait pour ses longues gardes.

Les célèbres Dames vertes

La Dame verte du château de Skipness, vers le loch Fyne, protège depuis des siècles le château et les familles qui y ont vécu. À plusieurs reprises, elle a semé la confusion parmi les ennemis qui préparaient une attaque. Après avoir quitté Skipness, leur intelligence leur revenait mais lorsqu'ils marchaient à nouveau vers le château, ils étaient en proie à la confusion.

Les Dames vertes ne sont pas cantonnées en Écosse. À Caerphilly, juste au nord de Cardiff (pays de Galles), une Dame verte se déguise en lierre grimpant sur les murs du château en ruine. En observant attentivement, un mortel peut la voir révéler sa présence en bougeant légèrement. Quand elle réalise qu'elle a été vue, elle émerge gracieusement et tend une main en signe de bienvenue, avant de disparaître.

Les *shellycoat* habitent les profonds plans d'eau douce et les lacs des zones boisées. Bien que très petits, ces êtres possèdent une bouche et des yeux énormes leur donnant l'apparence de poissons. De couleur généralement violette ou rouge foncé, ils dansent près de la surface de l'eau, pour que les mortels aient une chance de voir leurs gros yeux.

Dans les mers autour des îles Shetland et Orkney, les *uilbheist* – monstres marins multi-têtes du monde féerique – gardent les bras de mer et les côtes rocheuses. Leur but semble être la protection des îles et non la destruction préméditée des navires. Ils protègent peut-être aussi les *shopiltee*, des petits chevaux aquatiques féeriques et joueurs, que l'on ne trouve que dans ces eaux.

La glaistig.

L'île de Man et les fées

À une époque, l'île de Man n'était habitée que par des fées. Une brume bleutée était continuellement suspendue au-dessus des terres, de sorte que les marins sur les navires de passage ne se doutaient pas de leur existence. Un feu constamment ravivé préservait la brume, mais un jour, ce feu s'éteignit et des marins découvrirent la côte.

Comme les fées d'autres terres celtes, celles de l'île de Man – appelées *mooinjerveggey* ou « le Petit peuple » –, vivent dans des collines creuses ou des pâturages vert émeraude occultant une présence surnaturelle. L'intérieur de la colline des fées, située à Rushen, héberge le palais du roi des fées, et nombre d'histoires circulent sur des festivités se tenant là-bas à minuit et sur des parades féeriques sur toute l'île. Les fées habitent aussi des grottes, des rivières et même certaines routes de l'île, en surtout lorsque s'y trouve un pont ou un carrefour.

Certaines fées de Man sont bienveillantes, soignant les gens malades et aidant ceux qui sont en péril. D'autres sont malveillantes, enlevant des enfants et même des adultes et portant malheur. Des pointes de flèches en silex ont été trouvées occasionnellement à travers l'île et sont les armes qu'utilise le Petit peuple pour se venger des mortels qui les ont trompés. L'impact des flèches n'est pas ressenti et ne

Glashtin

Sur l'île de Man circulent des histoires sur une fée représentant un dragon des mers, appelée *glashtin*. À Glen Meay, la gorge située sous la cascade est hantée par l'esprit d'un homme qui rencontra un jour la *glashtin* et qui, pensant qu'il s'agissait d'un cheval ordinaire, monta sur son dos. La créature s'élança dans l'eau pour noyer son cavalier, dont l'esprit agité hante désormais la gorge.

Peel Harbour, with the Castle in the background (Le port de Peel, avec le château en arrière-plan), *A. Heaton Cooper, 1909, illustration de* l'île de Man.

perce pas la peau mais il laisse une marque bleutée sur le corps de la victime après sa mort.

De bonnes relations

Une ancienne coutume consistait à laisser un feu allumé dans l'âtre la nuit pour que les fées puissent venir en profiter. Il était également coutumier de laisser du pain à l'extérieur pour elles et de remplir les cruches d'eau potable avant d'aller se coucher. Cette eau n'était pas utilisée pour autre chose mais simplement jetée au matin. Les femmes de l'île de Man ne tissaient pas le samedi soir car cela déplaisait aux fées et à chaque cuisson d'aliments au four, de petits morceaux de pâte et de beurre étaient placés au mur à l'intention des fées.

En plus d'entretenir de bonnes relations avec les fées bienveillantes, les habitants de l'île de Man ont trouvé des moyens de déjouer les machinations des fées malveillantes. Parmi eux, on trouve les incantations et les herbes obtenues par les docteurs-fées, dites enchanteresses. Pour se protéger des mauvaises fées le jour de la fête de mai, les îliens suspendaient à l'intérieur de leur porte d'entrée une croix en bois attachée avec de la laine de mouton.

Si un objet domestique était égaré et retrouvé finalement dans un endroit inattendu, les personnes disaient qu'une fée le leur avait emprunté, puis rendu. Si une personne tombait, certains îliens déclaraient qu'une fée avait placé un obstacle en travers de son chemin pour la faire trébucher en punition d'une offense faite à cette créature.

L'elfe chevalier

Selon la légende, un elfe chevalier épia une charmante mortelle assise au pied d'un arbre bleuté à Glen Aldyn et tomba amoureux d'elle. Demandant à quitter le monde féerique pour vivre avec la jeune fille, il quitta la cour féerique pendant la célébration de *Rehollys Vooar Yn Ouyr* (festival royal des hautes moissons) célébré par les fées en dansant à Glen Rushen. Cela offensa le roi des fées au point qu'il jeta un sort au chevalier sous la forme d'une vie éternelle dans les montagnes de l'île en tant que satyre. Transformé par cette magie malveillante, le chevalier devint un triste vagabond solitaire.

Des paroles imprudentes qui peuvent coûter la vie

Il était très important de ne pas parler des fées de manière imprudente hors de chez soi, car le vent pouvait transporter ces paroles jusqu'aux oreilles des fées et les conséquences pouvaient être terribles. Néanmoins, avoir les faveurs d'une fée entraînait la quasi-impossibilité d'accomplir certaines tâches, bien qu'elles pussent être fort cher payées.

Pour apaiser les fées pour les ennuis que les humains leur causaient – il était connu, par exemple, que les fées désapprouvaient beaucoup les bruits générés par les mortels, particulièrement faire sonner les cloches de l'église –, ceux-ci essayaient de

Le Fenoderee ou Phynnodderee.

se souvenir d'afficher de bonnes manières à tout moment. Par exemple, si lors d'un voyage entre les villes de Douglas et Castletown, le voyageur croisait un « pont aux fées », il disait « *laa mie* », qui veut dire « bonjour » ou il leur faisait signe. Des contes traitant de prudence abondaient, en réponse aux négligences des humains.

Les particularités mannoises

Le *phynnodderee* est un grand elfe poilu et hirsute qui se rend utile en travaillant dur, malgré son mauvais caractère. Il effectue de nombreuses tâches pour les fermiers, qui doivent se souvenir de ne jamais lui proposer de nouveaux vêtements, auquel cas il disparaîtrait.

Le *moddeh dhoo*, une fée ou un fantôme qui vit à Peel Castle, se présente sous l'apparence d'un chien noir capable d'effrayer à mort les humains. Pendant la période où le château était une forteresse avec sa propre garnison de soldats, ce chien de meute n'était vu que trop souvent.

Cependant, le plus terrifiant de toutes les fées mannoises est le *buggane*, un lutin couvert de poils noirs, avec des défenses tel un éléphant et une grande bouche rouge. Connu pour creuser des tunnels, le *buggane* peut ressembler à une taupe géante et hideuse, pouvant néanmoins parler aux gens à l'occasion. Il a toujours un repaire de prédilection – une cascade, une forêt ou une vieille ruine – où il demeure tant qu'il n'est pas dérangé. Le *buggane* le plus connu est celui qui est associé à l'église sans toit de Saint-Trinian, sur la route principale entre Peel et Douglas. Chaque fois que le toit était réparé, le *buggane* l'arrachait à nouveau, terrorisant tout le monde. À ce jour, le château n'a toujours pas de toit.

Chiens de meute et chevaux féeriques

Le plus grand nombre d'apparitions féeriques est attribué aux chiens féeriques, qui se manifestent souvent aux mortels à la croisée des chemins entre la vie et la mort. Bien que d'une nature imprévisible, ils peuvent avoir la bonté de jouer les sauveurs. En revanche, les chevaux féeriques semblent généralement faire preuve de mauvaises intentions.

Les auditeurs silencieux

Il est une époque où l'on croyait que les animaux domestiques, surtout les chiens et les chats, savaient tout sur leur maître mortel. Ils écoutent tout ce qui se dit, observent les expressions du visage et peuvent même lire dans les pensées. Les Irlandais disaient qu'il ne fallait pas poser une question à un chien car il aurait pu répondre, auquel cas l'interrogateur mourrait à coup sûr.

Les chiens féeriques

Les chiens féeriques sont souvent vus comme des êtres effrayants qui prédisent la mort ou une catastrophe, en dépit de certains traits amicaux qu'ils possèdent. Certains sont polymorphes, se transformant en différents animaux, tandis que d'autres apparaissent toujours sous le même aspect.

Les chiens féeriques

Le *cu sith* chasse dans les Highlands écossais, souvent dans le silence le plus total, mais il peut parfois aboyer trois fois d'un son si perçant qu'il est entendu à plusieurs kilomètres de distance. Bien que le vert soit la couleur des fées, ce chien-fée est le seul à porter une fourrure verte. Son poil est long et rude et sa taille avoisine celle d'un veau. Il n'est donc pas surprenant que le cu sith soit jugé dangereux. Son équivalent irlandais est le *cu sidhe*, ou chien de meute de l'enfer.

Le *black angus* est un autre chien-fée parcourant la campagne écossaise. Ce grand chien aux yeux jaunes et aux canines pointues apparaît aux personnes dont la mort doit survenir dans les deux semaines. Pour apporter son terrible message, il croise d'abord le chemin de l'infortuné, puis bondit devant lui avec un grondement effrayant.

Au pays de Galles, où le monde souterrain a pour nom *annwn*, la meute féerique – *cwn annwn* – est aussi annonciatrice de mort. Le grondement de la meute est fort à une certaine distance et semble devenir plus doux à mesure qu'il se rapproche.

The Hound of the Baskervilles (Le chien des Baskerville), *Sidney Paget, 1901–2, illustration pour le* Strand Magazine.

Le *padfoot* (le voleur de grand chemin)

Cette fée polymorphe apparaît souvent sous la forme d'un grand chien noir, quoique parfois blanc, ou d'un âne noir aux grands yeux brillants. Le *padfoot* peut aussi se présenter comme un mouton surnaturel au pelage rude et aux yeux brillants ou simplement comme une balle de laine roulant sur la route. Parfois visible, parfois non, il marche à pas feutrés devant ou derrière les mortels, rugissant de manière sinistre ou brinquebalant ses chaînes pour les effrayer à mort. Le désagréable *boggart* (voir page 82) prend parfois la forme d'un *padfoot* mais il est dans l'ensemble plus amical que le plus habituel présage de mort.

Le *skryker*

Ce chien-fée émet des sons de pas étouffés. Il peut marcher à côté des mortels, invisible, gémissant et mugissant, ou il peut être entendu poussant des hurlements dans la forêt. Lorsqu'il est visible, le *skryker* est un énorme chien-fée avec de grosses pattes et des yeux comme des soucoupes. De temps à autre, il décide d'apparaître aux voyageurs solitaires ; dans ce cas, il annonce un malheur imminent. La pire chose que puisse faire un mortel est d'essayer de frapper un *skryker*, qui rétorquerait en provoquant instantanément un malheur, voire la mort.

Le *barguest*

Cette fée polymorphe se cantonne à une région, se chargeant d'avertir de l'imminence d'un désastre ou de la mort pour les personnes qui la croisent ou leur famille. Le *barguest* – également appelé *boguest* ou *barghest* – peut prendre des formes multiples : un gros mastiff noir muni de cornes, de canines et d'yeux ardents ; un énorme chien à poil dur ; un ours avec des longues serres pointues et des yeux rouges brillants ; un homme ou une femme sans tête ; un chat, un chien ou un lapin blanc qui disparaît sous les flammes. Parfois, on peut apercevoir le *barguest* traînant des chaînes, son corps pouvant même être enchaîné. Les mortels qui s'approchent de lui reçoivent d'horribles blessures qui ne guérissent jamais. Comme les autres fées, le *barguest* ne peut pas traverser les cours d'eau.

Fée ou fantôme ?

Le *church grim*, ou *kirk grim*, est un chien noir surnaturel connu pour garder les vieux cimetières où il protège les morts contre le diable et autres démons. Souvent, on pouvait l'apercevoir les nuits d'orage, où il présageait la mort. Néanmoins, le church grim pourrait tout à fait être un fantôme plutôt qu'une fée, en raison des anciennes pratiques celtes selon lesquelles il fallait d'abord enterrer un chien dans un nouveau cimetière pour qu'il puisse veiller sur les autres morts.

Les chiens noirs

Les fées polymorphes gardiennes de trésors ancestraux ou de terres sacrées apparaissent sous la forme d'énormes chiens noirs au poil dur, de la taille d'un veau approximativement, avec de grands yeux rougeoyants. On les rencontre souvent sur des chemins de fer reculés, d'anciennes routes ou d'anciens croisements, des ponts et zones d'accès – les lieux de transition dans la vie des mortels. Les chiens noirs sont généralement inoffensifs s'ils ne sont pas importunés, mais les mortels qui cherchent à les attaquer se voient infliger des blessures graves, une paralysie, voire la mort. Ces fées puissantes peuvent être bienveillantes ou effrayantes pour les mortels. Bien que la vue d'un chien noir par un mortel présage de sa mort dans l'année, ces créatures sont réputées aider les individus perdus, surtout les femmes effrayées qui voyagent seules.

Le *black shuck*

Également connu sous les noms de *shuck*, le chien *shuck* ou le vieux *shuck*, ce chien-fée affiche un comportement et une nature similaires à ceux des chiens noirs. Il se manifeste souvent sous la forme d'un énorme chien de meute noir à poil dur, de la taille d'un âne, avec deux yeux rougeoyants ou un seul œil d'où jaillissent des étincelles rouges ou vertes. Le *black shuck* a également été vu sous l'apparence d'un humain moine avec une tête de chien. Vivant dans les marais salants et dans la mer, il en émerge à l'aube, errant dans les marais et les cimetières, sur les routes et les berges des rivières. Lorsqu'il accompagne un voyageur, on peut sentir sa présence par le toucher de son pelage dur et son souffle glacial. Le *black shuck* est inoffensif tant qu'il n'est pas dérangé mais, dans le cas contraire, il peut s'avérer mortel. Dans certaines régions, la présence de ce chien-fée suffit à provoquer des maladies ou la mort ; dans d'autres il est bon et serviable, aidant les personnes attaquées et guidant les voyageurs perdus.

Les chevaux-fées

De nombreux témoins attestent de l'existence de chevaux-fées malveillants dont les habitudes déconcertantes vont de la chevauchée trépidante avec des mortels non consentants à travers la campagne à une ruée dans les eaux profondes, où ils noient ou dévorent même parfois leur cavalier captif. Si les mortels commettent

The Púca (Le púca), *anonyme, 1862, extrait de Faerie Legends and Traditions, par Crofton Croker.*

l'erreur de toucher ou de monter un cheval apparemment inoffensif lorsque celui-ci paît au bord d'un lac, ils sont alors très chanceux d'échapper à la mort.

Le púca ou *pookah*

Le *púca*, qui est le pendant du *pixie* irlandais et l'une des fées polymorphes les plus redoutées, prend des formes multiples dans le but de provoquer des malheurs aux mortels. Son apparence préférée est celle d'un cheval noir au poil soyeux aux yeux couleur ocre et à la longue crinière en bataille. Il erre sous cette forme dans des zones rurales étendues, la nuit, arrachant les clôtures et les barrières, dispersant le bétail de frayeur, piétinant les cultures et provoquant des dégâts autour des fermes isolées. Toutefois, il peut aussi se transformer en taureau, en chèvre, en chien, en oiseau ou en chauve-souris. En cheval ou en veau, le *púca* se rue entre les jambes d'un mortel et le hisse sur son dos pour une course folle à travers la campagne. Cet horrible supplice ne prend fin que lorsque le cavalier est jeté dans un fossé. En oiseau ou en chauve-souris, le *púca* vole bas au-dessus des mortels pour leur griffer le visage. Cette fée malveillante reste tapie dans des zones de transition désertes comme des croisements, une clôture ou un pont. On interdisait aux enfants de manger des mûres lorsque les graines apparaissaient car c'était un signe que les *púca* avaient craché dessus.

Dans certaines régions, néanmoins, le *púca* est une fée serviable, réalisant des prophéties et proférant des avertissements. Par exemple, d'après un témoin, le premier jour de novembre, un « terrible cheval dodu au poil lustré » surgit d'une colline située à Leinster et parla d'une voix humaine aux gens qui se trouvaient là. Il apporta des « réponses intelligentes et appropriées à ceux qui le consultaient sur leur avenir d'ici à novembre de l'année d'après. Et les gens avaient coutume de laisser des cadeaux et des dons sur la colline... »

Le *kelpie*

Rôdant autour des rivières et des lochs d'Écosse et d'Irlande, le *kelpie* possède généralement une fourrure gris-blanc. Il peut se présenter en un poney perdu, mais sa crinière toujours ondoyante le trahit. La peau de cette fée-dragon de mer ressemble à celle d'un phoque, mais elle est d'une froideur cadavérique au toucher. D'apparence douce pour laisser les mortels monter dessus, il ne tarde pas à se précipiter dans l'eau avec eux.

Les licornes

Tous les chevaux féeriques ne sont pas malveillants. Ces créatures douces et magiques sont connues pour être solitaires et sont le plus souvent localisées dans la forêt, à minuit, errant sous les étoiles sous une canopée de chênes sombres. La licorne, d'un blanc laiteux et pourvue d'une crinière et d'une queue argentées, se manifeste soudainement silencieusement. Lorsqu'elle bouge sa tête, le clair de lune se reflète comme des vagues le long de sa corne nacrée en forme de spirale. Elle peut disparaître en un clin d'œil.

Dans la tradition féerique, la corne spiralée de la licorne était appelée « alicorne » et possédait un pouvoir de désintoxication. Les licornes doivent garder secrète leur présence dans le monde, sous peine d'être chassées pour leur corne, qui a la réputation de protéger les mortels contre les maladies. Si de la corne de licorne est versée dans une tasse, alors aucun poison ajouté à la boisson ne pourra faire effet.

The Lady and the Unicorn: "Sight", (La dame et la licorne : « apparition »), *École française, xve siècle, tapisserie.*

L'*each uisge*

Ce cheval féerique écossais est beaucoup plus dangereux que le *kelpie* irlandais. Il trompe les mortels de la même manière, attendant au bord de la mer et des lochs que quelqu'un s'approche. Lorsqu'il a trouvé un cavalier, il s'engage immédiatement vers les bas-fonds. Il est impossible pour un mortel de se libérer car il se trouve collé à sa peau adhésive surnaturelle. Le *each uisge* (prononcer *ek-ouchkia*) noie son cavalier, puis le dévore, ne laissant que son foie.

Les fées imaginaires

Les fées ont tellement investi notre imagination qu'il n'est pas surprenant qu'elles figurent dans certains des livres les plus appréciés au monde – ou qu'elles furent un jour l'objet d'un canular monté de toutes pièces par deux jeunes filles pleines de ressources et d'imagination.

La fée Clochette

En 1904, est sortie la pièce *Peter Pan ou le garçon qui ne voulait pas grandir* de J.M. Barrie, suivie quelques années après par un livre, *Peter Pan et Wendy*, qui avait pour personnage la fée Clochette. Possédant la nature versatile propre aux fées, elle apparaît parfois rancunière ; néanmoins, elle aime Peter Pan, son compagnon au Pays imaginaire. Dans le livre, le tempérament capricieux de la fée Clochette est ainsi en raison de sa taille minuscule qui ne lui permet pas d'avoir plus d'un sentiment à la fois. Elle est habillée de manière exquise d'une minuscule feuille à la coupe longue et carrée, mettant en valeur sa silhouette. Cela reflète comment, dans l'imaginaire populaire des temps modernes, les fées sont vues principalement comme de belles jeunes femmes minuscules et aériennes.

La fée Clochette est une fée ordinaire qui répare des pots et des bouilloires – une rétameuse, en somme. Ce nom de rétameuse – *tinker* en anglais – a donné le nom Tinkerbell, fée Clochette. Elle peut aider les gens à voler en les saupoudrant de poussière de fée, les mortels devant néanmoins croire au pouvoir magique de cette poussière pour en percevoir les effets.

Les fées des fleurs

L'illustratrice Cicely Mary Barker (1895-1973) a créé les fameuses fées des fleurs. Ces minuscules fées de la nature – la plus grande n'excède pas dix centimètres – sont associées à une plante ou à un arbre en particulier, sur laquelle elles veillent. Elles vivent et dorment dans ces fleurs. Pour aider leur plante à pousser, elles l'entretiennent et l'arrosent. Chaque fée porte des vêtements coupés dans ses feuilles et ses fleurs. Comme toutes les fées, celles-ci aiment chanter et danser. Elles vivent aussi bien dans les jardins que dans des endroits plus sauvages : sur le bord des chemins ou dans la forêt. La fée Campanule est le roi et la fée Primevère est la reine des nombreuses fées des fleurs vivant dans la forêt. D'autres, telles que les fées Bouton d'or et Pâquerette, sont les amies des enfants.

Tinkerbell (la fée Clochette),
Nadir Quinto,
extrait de Peter Pan et Wendy.

Les fées de Cottingley

En 1917 dans le Yorkshire, deux jeunes filles – Elsie Wright, âgée de 16 ans et sa cousine de 10 ans, Frances Griffiths – prirent des photos de fées qui allaient devenir les plus célèbres de toutes les photos de fées. Elsie et Frances utilisèrent un simple appareil photo et leurs familles confirmèrent qu'elles n'avaient aucune connaissance en photographie ni en trucages. Après les premières photographies, il se passa trois ans avant qu'elles ne reprissent une série de trois photos de leurs fées de la nature. Bien qu'elles eussent déclaré ne pas pouvoir photographier les fées lorsque quelqu'un les observait, il existe un témoin impartial, l'écrivain Geoffrey L. Hodson, qui assure les avoir vues et qui confirme les observations des jeunes filles dans leurs moindres détails.

L'histoire

La famille et les amis d'Elsie et de Frances taquinaient les jeunes filles à propos de leurs histoires de fées observées près de Cottingley Beck jusqu'à ce qu'un jour, Elsie empruntât l'appareil photo de son père. Après quelques instructions de base sur son utilisation, elle alla se promener dans la forêt située derrière la maison de famille pour prendre des photographies près d'un ruisseau. Lorsqu'Arthur Wright et Elsie développèrent la plaque photographique ce soir-là dans une chambre noire, ils découvrirent l'image d'une fée. À la seconde photographie montrant une fée, les jeunes filles furent privées d'appareil photo. Les photographies furent placées dans un tiroir par Arthur Wright, qui les considérait comme une fumisterie, alors que la mère d'Elsie était convaincue de leur authenticité. En 1918, Frances écrivit à son amie Johanna Parvin en

Photographies des fées de Cottingley.

Afrique du Sud et y ajouta une copie de l'une des photographies. Au dos, elle écrivit : « Elsie et moi sommes amies avec les fées du ruisseau. C'est drôle, je ne les avais jamais vues en Afrique. Il doit faire trop chaud pour elles là-bas. »

Dans sa lettre, Frances donna à son amie toutes sortes de nouvelles, visiblement plus intéressée par les événements de la première Guerre Mondiale et par ses poupées préférées que par les fées, dont elle parla sur un ton neutre :

> *« ... tout le monde pense que la guerre sera finie dans quelques jours, nous allons sortir nos drapeaux pour les accrocher dans notre chambre. Je t'envoie deux photos de moi, l'une prise par oncle Arthur, où je suis en costume de bain dans notre jardin, et l'autre prise par Elsie, où je suis avec des fées au bord du ruisseau. Rosebud est plus gros que jamais ; je lui ai fabriqué de nouveaux vêtements. Comment vont Teddy et Dolly ? »*

Un mystère irrésistible

Le débat sur l'authenticité de ces photographies dura plusieurs années. Même ceux qui ne croyaient pas qu'il s'agît de photographies de vraies fées étaient obligés de se demander comment, et pourquoi, elles avaient été prises. En 1975, lorsque les deux cousines furent interrogées pour une émission à la BBC, elles ne donnèrent pas prise aux allégations de trucages qui étaient avancées. Elsie répondit de manière intéressante en attirant l'attention sur un royaume dans lequel le réel et l'imaginaire se rejoindraient. Elle dit : « Je vous ai dit qu'il s'agissait de photographies d'une création de notre imagination et je m'y tiendrai. »

TROISIÈME PARTIE

À la recherche des fées

Vous pouvez rencontrer des fées partout si vous savez où chercher et comment vous y prendre. Donc, si votre appétit a été aiguisé et que vous décidez qu'il serait bien pour vous de partager vos journées avec l'une de ces créatures spirituelles, lisez la suite. Une chose est sûre : les fées peuvent ajouter une dimension supplémentaire à votre vie, pour le meilleur ou pour le pire.

« Prenez le visage au teint clair d'une femme délicatement penché et orné de papillons, de fleurs et de bijoux et votre fée est alors composée des plus belles choses. » (Charles Ede), *Sophie Anderson.*

Promenade dans les forêts de campanules

Les forêts ont toujours été des endroits enchantés par les fées. Ainsi, une promenade tranquille au milieu des arbres et des fleurs sauvages vous rapprochera de ces êtres magiques. Vous pouvez créer votre propre jardin boisé dans le but d'attirer les fées dans votre vie, et il existe même des moyens de les encourager à venir élire résidence chez vous.

Les Grecs croyaient que la vie des fées des bois dépendait de la santé et du bien-être des arbres dans lesquels elles habitaient. La meilleure manière de trouver l'inspiration est de se promener dans les bois au printemps pour observer les arbres et les plantes émerger de leur repos hivernal. Souvenez-vous que vous pouvez être entouré de fées de la nature qui observent votre progression dans les bois, donc soyez respectueux de tout ce que vous pouvez trouver là-bas. Ne ramassez jamais des fleurs sauvages, ne marchez pas dessus, car vous ne détruisez pas seulement l'environnement : vous rendez aussi les fées furieuses. Rappelez-vous aussi que les fées dorment apparemment dans de vieux nids d'oiseau et n'apprécieraient peut-être pas d'être dérangées

« Une telle magie
flottante et douce
de sons,
Comme les émettent les elfes
au crépuscule,
lorsqu'ils voyagent en soirée sur
des vents légers venant des terres
féeriques. »

Samuel Taylor Coleridge

À la recherche des fées de la nature

Les fées associées à la nature vous apporteront une énergie revigorante. Elles possèdent un pouvoir de guérison dont elles imprègnent l'atmosphère. Lorsque vous errez dans les bois, respirez cette énergie pour une sensation de renouveau, de tranquillité et d'inspiration. Si vous voulez être présent quand les fées sont les plus actives, choisissez une période de transition telle que l'aube ou le crépuscule. Vous pourrez peut-être même entendre des voix de fées portées par le vent.

Les champignons vénéneux

Ces champignons très colorés semblent pousser si rapidement et de manière si inattendue que les gens croient depuis toujours qu'ils sont associés à des pouvoirs surnaturels du monde féerique. Ils sont souvent lumineux et vénéneux. Le champignon rouge tacheté appelé Amanite tue-mouches (*Amanita muscaria*) est le plus souvent attribué au monde féerique. Toutefois, les associations avec la magie féerique sont reflétées dans beaucoup d'autres noms : le Chapeau de lutin, la Selle de dryade, la Casquette de nain ou encore le Bâton jaune des fées. Le champignon Marasme des oréades, qui pousse sur des terrains circulaires, marque la frontière des lieux de danse des fées.

Une fée assise sur des champignons vénéneux.

Arbre à fées

Certains arbres ont des liens particuliers avec les fées. Ils dégagent un pouvoir surnaturel encore plus fort si leurs rameaux sont tressés ensemble. Tous les arbres favoris des fées ont une gardienne pour les protéger. Ne vous avisez jamais d'abîmer un arbre féerique. En revanche, les cadeaux tels que des rubans attachés aux branches seront bien reçus.

Le prunellier

Les fruits du prunellier, les prunelles – l'un des arbres les plus sacrés pour les fées – apparaissent à l'automne et sont jalousement gardés par les fées. Si vous recevez une de ses aiguilles dans l'œil, vous pouvez devenir aveugle ; si elle perce votre peau, la blessure peut s'infecter. De cette manière, les fées espèrent décourager les mortels qui seraient tentés de voler les prunelles pour en faire un délicieux mets. Le bois du prunellier est utilisé pour fabriquer des bâtons divins et des baguettes magiques qui protègent leurs propriétaires du mal.

L'orme

En Europe, les ormes sont souvent associés aux elfes. La croyance voulait que les elfes vivent dans des tumulus, de sorte que le bois sélectionné pour fabriquer les cercueils était souvent de l'orme. Méditer près d'un orme renforce la communication avec les fées de la nature et les *devas* (voir page 36). Si vous piquez une feuille d'orme avec une aiguille et que vous la placez le soir sous votre oreiller, vous rêverez de votre avenir.

Le sureau

Le sureau, qui n'a soi-disant jamais été frappé par la foudre, est un arbre qui posséderait des pouvoirs magiques lui permettant d'ouvrir une voie entre le monde des mortels et celui des fées. Dans la tradition féerique danoise, les personnes se plaçant sous un sureau le soir du solstice d'été peuvent voir le roi des fées chevauchant son cheval blanc, accompagné de sa suite. Dans le monde entier, cet arbre jouit d'une connotation plutôt positive. En Russie, la croyance veut que les sureaux chassent les mauvais esprits et les fées malveillantes. Les Serbes utilisent un rameau de sureau dans les cérémonies de mariage pour porter chance. En Angleterre, toutefois, si un bébé est posé dans un berceau en bois de sureau, il peut disparaître par enchantement ou les fées malveillantes risquent de le pincer et de le pousser.

L'aubépine

L'aubépine, arbre sacré et aux vertus curatives, est l'arbre de la reine des fées. Ses baies sont appelées « cenelles ». Les fées se retrouvent sous des aubépines et une coutume printanière chez les mortels consistait à tresser des couronnes de fleurs d'aubépine et à les déposer à l'intention des fées et des anges nocturnes. Si les fées dansaient sur les couronnes, les personnes qui les avaient tressées étaient alors bénies. L'aubépine servait également à décorer les mâts enrubannés. Une autre coutume consistait à attacher des brins d'aubépine aux berceaux des nouveau nés pour les protéger de la maladie, des fées malveillantes et des fantômes. Dans d'autres circonstances, apporter des brins d'aubépine dans la maison apporterait de la malchance. Porter une branche d'aubépine sur soi a des vertus de protection psychique, rend de bonne humeur et bannit la mélancolie.

La plupart des jardins des fées comprennent au moins une haie d'aubépine – « l'arbre aux fées ». Elle protège les maisons de la foudre et des dégâts causés par les orages. Lorsqu'elle est plantée à côté de chênes et de frênes, le lieu devient enchanté, permettant aux mortels d'apercevoir les fées.

Le noisetier

Considéré comme un arbre féerique sur les terres celtes, selon la croyance le noisetier permettrait d'entrer dans le royaume féerique. Son bois était sacré et un combustible interdit dans les cheminées. Les baguettes magiques des fées étaient fabriquées en noisetier et servaient à la prospection des sources d'eau souterraines.

Le chêne

On pense que beaucoup de fées vivent dans des chênes. Planter un gland au clair de lune vous assure la bienveillance des fées, souvent sous la forme d'argent. Porter sur soi un morceau de chêne porte chance.

Le sorbier

Cet arbre protège très bien contre les méchantes fées. Il était conseillé aux mortels voyageant le soir du solstice d'été ou pendant Halloween de porter sur eux un brin de sorbier et d'en placer un dans la bride de leur cheval pour éviter d'être emporté dans le monde féerique.

La fée des prunelliersr, *Cicely Mary Barker, Fées-fleurs d'arbres.*

Le saule

Le saule serait le bois idéal pour les baguettes servant à la magie au clair de lune. D'après la croyance, cet arbre se déracine la nuit pour suivre les mortels.

Les fleurs magiques

Certaines plantes à fleurs sont associées au royaume des fées. Beaucoup sont des fleurs sauvages mais un petit nombre de variétés cultivées est également associé à la magie féerique.

Les campanules

Les « forêts » de campanules sont des lieux d'enchantement féerique à l'aube, à midi, au crépuscule comme à minuit ; par conséquent, seules les personnes les plus braves devraient s'aventurer dans ces endroits à ces moments de la journée. Les Irlandais n'étaient pas les seuls à croire que le tintement de campanules sonnait le glas de leur mort. En Écosse, les campanules sont aussi appelées les « cloches des morts ». Les clochettes bleues sonnent aussi à minuit pour annoncer les festivités des fées ou un festival. Vous ne devez cueillir ces fleurs sous aucun prétexte ; déroger à cette règle reviendrait à vous attirer de la malchance pour le reste de votre vie.

Les coucous

Les coucous, également appelés corolles féeriques en anglais, possèdent des fleurs en forme de clochettes où les fées aiment à se reposer. Dans *La tempête* de Shakespeare, Ariel est souvent couché dans une clochette de coucou. Les fées protègent ces fleurs, pour lesquelles elles ont une affection particulière. À l'ouest de l'Angleterre, les coucous sont censés ouvrir l'accès au trésor féerique caché. La présence de cette plante annoncerait donc l'existence d'un stock d'or dans les environs.

Les pissenlits

Si vous marchez sur un pissenlit, un autre poussera très vite à sa place car, selon la croyance, cette plante est habitée par des fées qu'elle transporte parfois. Si vous soufflez dessus, les fées peuvent vous accorder un vœu en remerciement pour les avoir remises sur leur chemin.

Les fougères

Les lutins et autres fées s'abritent sous les fougères et s'opposent aux personnes qui leur marchent dessus. Selon la tradition féerique, les fougères dispersent aussi les secrets des mortels aux quatre vents, de sorte qu'ils devraient éviter d'aborder des sujets indiscrets à leur proximité. Selon la croyance, en Russie au milieu de l'été, lorsque les fougères sont jaunies, jeter une poignée de graines dans l'air et regarder où celles-ci retombent permet ainsi de révéler où l'or est caché.

Le trêfle à quatre feuilles

On trouve parfois des trêfles à quatre feuilles, même s'ils sont rares. Leur réputation de porter chance vient de leur capacité à briser tout type de sortilège féerique.

La digitale pourpre

Le nom de cette plante vient de la forme de ses fleurs, qui ressemblent à des doigts. Lors des soirées glaciales avec vents froids et pluie, de minuscules fées aériennes se réfugient dans ses fleurs retombantes. En Angleterre, la digitale pourpre était parfois appelée *folksglove*, c'est-à-dire « le gant du Bon peuple », en référence à ces fées qui hantaient les berges et les cuvettes boisées où poussent les digitales. En Norvège, elle

Une méchante fée met de la digitale pourpre aux pattes du renard pour alléger son pas lorsqu'il rôde dans les parages.

était appelée *revbielde*, littéralement clochette en forme de doigt. En Europe du Nord, on dit que les mauvaises fées donnaient ces fleurs aux renards – de l'anglais *fox*, utilisé dans le terme *foxglove* (digitale pourpre) – qui les glissaient peut-être à leurs pattes pour alléger leur pas lorsqu'ils rôdaient dans les parages.

La bruyère

La nuit du solstice d'été, le fait d'avoir de la bruyère dans son jardin attire les fées. Cette plante ouvrirait un chemin entre le monde mortel et celui des fées.

La pensée

Plante robuste, la pensée est utilisée par ceux qui connaissent les secrets des fées pour fabriquer des philtres d'amour. La tradition féerique prévient que les mortels ne doivent pas cueillir une pensée sous la rosée sous peine de provoquer la mort d'un être cher. Cueillir une pensée par une belle journée présage d'un orage.

Le coquelicot

Pour amener les fées dans vos rêves, faites la sieste dans un champ de coquelicots.

La primevère

De nos jours, on nous déconseille de cueillir des primevères car cette plante des régions boisées est devenue rare. Cependant, des petits bouquets de primevères étaient jadis utilisés pour véhiculer des messages aux fées. Toucher une colline ou un rocher creux ouvrait la porte séparant le monde des mortels de celui des fées. De même, un bouquet de cinq primevères fraîchement cueillies, surtout celles qui poussent près de l'eau, ouvrait la porte vers le monde des fées, à condition qu'il fût posé sur une pierre levée magique. Ces plantes servaient aussi à protéger les mortels contre les caprices des fées. Des bouquets de primevères étaient laissés dans les étables pour empêcher les fées de voler le lait, tandis qu'au matin de la fête de mai, des pétales de primevères étaient éparpillés sur le seuil des portes pour encourager les bonnes fées à bénir la maison et ses habitants. Cette coutume a perduré jusque récemment parmi les femmes âgées du comté de Roscommon, en Irlande.

La ligulaire

Les fées aériennes utilisent parfois les tiges de ligulaire comme balais sur lesquels elles s'envolent. La formule magique « *Horse and Hattock* » permettait de faire voler la tige de ces plantes.

La rose

Les fées sont attirées par le doux parfum des pétales de roses soyeuses qui, d'après la tradition féerique, font souvent partie des ingrédients utilisés dans les potions d'amour. Pour obtenir l'aide des fées afin d'attirer la personne désirée, étalez des pétales de rose sur le sol et dansez dessus tout en demandant doucement aux fées d'exaucer votre vœu grâce à leurs pouvoirs magiques.

Le millepertuis

Les fleurs jaunes de cette plante symbolisent le soleil et selon la croyance, elles chassent les méchantes fées. Son nom latin *hypericum*, issu du grec *huper eikon* – qui signifie au-delà d'une apparition – fait référence au pouvoir que cette herbe a de protéger les mortels des forces surnaturelles du mal. Le millepertuis a la réputation d'être si infect pour les méchantes fées qu'une simple fragrance de cette plante suffit à les repousser très loin. Des brins de millepertuis étaient accrochés aux portes des maisons et des églises juste avant le solstice d'hiver pour protéger les bâtiments des méchantes fées, des sorcières, du tonnerre, de la foudre et du feu. D'après la tradition féerique, si un mortel marchait sur du millepertuis, un cheval-fée s'élevait et emportait le coupable dans une chevauchée sauvage durant toute la nuit.

Le serpolet

Porter un brin de serpolet sur vous augmentera votre capacité à voir les fées ; pour inviter des fées bienveillantes dans votre foyer, plantez du serpolet près des portes et des fenêtres. Cette plante sert aussi à élaborer des potions permettant aux mortels de voir les fées. Pour que cette potion soit efficace, les têtes et les herbes de serpolet doivent être cueillies autour d'une colline creuse.

Les contusions de fées : selon la croyance, les taches sur les fleurs de digitale pourpre et de primevère, de même que celles visibles sur les ailes des papillons, indiquent toutes les zones où les fées aériennes ont posé leurs doigts.

Créer un jardin à fées

Un jardin où sont plantées les plantes à fleurs préférées des fées peut devenir un lieu magique. Même si vous n'avez pas de jardin, mettez un maximum de jardinières et de pots à vos fenêtres pour encourager les fées à venir vous rendre visite.

Si vous avez un jardin, l'entretenir sur le thème des bois fera le bonheur des bonnes fées de la nature. N'oubliez pas que l'enchantement féerique est à son apogée dans les périodes de transition. Planter pendant l'équinoxe de printemps (le jour du passage de l'hiver au printemps), par exemple, améliorera les propriétés magiques de votre jardin. Les jours seront plus longs et plus chauds à partir de ce moment et les arbres à feuilles caduques n'auront pas encore de feuille, si bien que les plantes n'auront pas trop d'ombre. Si vous plantez à l'automne ou au début du printemps, le jardin sera à son enchantement maximum à la fin du printemps et au début de l'été.

Un emplacement adapté

Il est important de bien choisir l'endroit de votre jardin à fées boisé. Idéalement, il se trouva partiellement à l'ombre – et certainement pas en plein soleil –, où les plantes profiteront de la pluie sans que le sol soit constamment détrempé. Ajoutez à ce sol quelques vieux brins qui pourriront peu à peu. Cela favorise la présence d'insectes qui attirent les oiseaux et crée les conditions idéales pour que poussent les champignons féeriques, tels que certains champignons vénéneux et comestibles.

Si vous avez des arbres dans votre jardin, plantez des fleurs des régions boisées en dessous. Les arbres qui créent de bonnes conditions pour ces espèces sont les pommiers sauvages et les cerisiers sauvages, ainsi que tous ceux qui sont mentionnés plus haut.

Comment s'y prendre

Assurez-vous que le trou que vous creusez pour chaque plante est de la bonne taille et laissez de l'espace autour pour favoriser leur croissance. Plantez les grandes espèces au fond pour qu'elles ne cachent pas les plus petites. Dès que vous avez fini de planter, arrosez bien votre jardin boisé pour donner un bon coup de pouce à vos plantes dans leur nouvel environnement. Gardez le sol toujours humide, mais pas trempé. Si vous avez planté un jardin boisé miniature dans un récipient ou dans un pot, vous devrez vérifier plus souvent que la terre est suffisamment mouillée.

En plus des fleurs et autres plantes des régions boisées, ajoutez des buissons à fruits dans votre jardin si vous avez suffisamment de place mais ne cueillez pas tous leurs fruits ; cela mettrait les fées en colère.

Pour accentuer le thème féerique, ajoutez des décorations dans le jardin, comme des baguettes scintillantes, de beaux galets, des coquillages et des morceaux de bijoux cassés qui scintillent aux couleurs de l'arc-en-ciel dans la lumière du soleil tacheté.

Construire une maison de fées

Aménagez un emplacement confortable dans votre jardin où les fées pourront se relaxer et se protéger du vent et de la pluie. Utilisez des bâtons et des brindilles et renforcez aussi le toit de l'abri avec un matériau étanche. Doublez l'abri avec des matériaux naturels comme de la mousse et n'oubliez pas de laisser une entrée. Une soucoupe en terre cuite remplie d'eau de pluie constitue un charmant lieu de baignade pour les fées et vous pouvez border votre baignoire féerique de coquillages pour la rendre encore plus spéciale.

Inviter des fées à l'intérieur

Les fées aiment être flattées et dorlotées ; or, chouchouter leur bonne volonté vaut mieux que de faire les frais de leur mauvaise humeur, ce qui est fortement déconseillé. Les mortels affichant de la prévenance et du respect envers elles peuvent être joliment récompensés d'une chance inattendue ou d'un coup de chance au moment où ils en ont besoin. Dans le pire des cas, si vous accueillez une fée chez vous, vous serez au moins assuré d'une atmosphère harmonieuse.

Certaines fées aiment se joindre aux foyers des mortels, mais leur loyauté et leur serviabilité, ou au contraire leur mécontentement et leur comportement désagréable dépendent souvent de la manière dont elles se sentent traitées. Or, dans la mesure où les fées sont contre nature, cela reste difficilement prévisible. Cependant, quelques moyens simples de les accueillir dans votre foyer ont été réalisés avec succès au cours des siècles.

Les plantes des jardins féeriques

Les fées adorent toutes ces fleurs et ces plantes des régions boisées.

Anemone blanda	Petite plante avec des feuilles vertes délicates et de belles fleurs blanches à la fin du printemps.
Campanule	Petite plante avec des fleurs en forme de clochettes mauves sur les pédoncules à la fin du printemps.
Violette de la Pentecôte	Petite plante rampante avec des fleurs violettes au début du printemps.
Fougères	Le polypode commun, le plantain lancéolé et le *nephrolepis flexuosa* sont les plus recommandées, toutes de taille moyenne.
Digitale pourpre	Grande plante avec des fleurs en forme de longues cloches pourpres à la fin du printemps ou au début de l'été.
Chélidoine	Petite plante avec des fleurs jaunes au début du printemps.
Épiaire des bois	Grande plante avec des petites pointes de fleurs rouge foncé ou violettes.
Géranium Robert	Plante de taille moyenne avec plein de petites fleurs rose foncé et de jolies feuilles à la fin du printemps.
Muguet	Petite plante avec des petites fleurs blanches à l'odeur sucrée au début du printemps.
Arum	Petite plante avec des fleurs couleur crème suivies de baies orange vif.
Primevère	Petite plante avec des fleurs jaune pâle parfumées au début du printemps.
Compagnon rouge	Plante de taille moyenne avec de petites fleurs rose foncé à la fin du printemps.
Lamier pourpre	Petite plante avec des fleurs rouges à partir de la fin du printemps.
Petite pervenche	Petite plante (environ 10 cm) rampante avec des fleurs bleues au début du printemps.
Perce-neige	Petite plante avec des fleurs blanches en forme de clochettes ; à planter à l'automne pour les premières fleurs de l'année.
Sceau de Salomon	Plante de taille moyenne avec des tiges courbées portant de petites fleurs blanches et des feuilles très élégantes.
Aspérule odorante	Petite plante avec de minuscules fleurs blanches à l'odeur sucrée.
Ortie blanche	Petite plante avec des fleurs blanches à partir de la fin du printemps.
Jonquille	Petite plante avec des fleurs jaunes en forme de trompette au début du printemps.
Fraisier de Virginie	Petite plante avec de toutes petites fleurs blanches au début de l'été, suivies de minuscules fraises.
Géranium des bois	Plante de taille moyenne avec des fleurs violettes de la fin du printemps au début de l'été.
Ortie jaune	Petite plante avec des fleurs jaunes à partir de la fin du printemps.

La courtoisie féerique

Pour encourager les bonnes fées à venir dans votre foyer et apaiser les plus mauvaises, voici quelques actions que vous pouvez entreprendre :

- ☆ Laissez des petits morceaux de beurre et un peu de lait car les fées en sont très friandes.
- ☆ Elles aiment également se baigner dans un endroit chaud, de sorte qu'un bol d'eau profond placé dans un endroit approprié est bienvenu dans votre foyer.
- ☆ Faites pousser des plantes grimpantes et odorantes, comme du chèvrefeuille, autour de vos fenêtres ou entretenez des plantes fleuries en pot sur le rebord de vos fenêtres, puis ouvrez la fenêtre à l'aube et au crépuscule pour inviter les fées.
- ☆ Essayez d'éviter les produits chimiques et les pesticides à usage domestique et dans votre jardin, car ils rebutent les fées.

Comment attirer un brownie

Il se peut que vous souhaitiez accueillir un *brownie* (voir page 78) dans votre foyer. Si c'est le cas, rappelez-vous que cette fée aime les maisons bien tenues habitées par des mortels joyeux qui ont des habitudes fiables et prévisibles. Comme d'autres fées, le *brownie* se délecte de petits dons de lait et de beurre. Il n'emménagera chez vous que s'il considère que vous êtes le genre de personne digne de sa loyauté. Si vous continuez à rendre votre foyer chaleureux et accueillant pour le *brownie* et que vous faites des choses mutuellement agréables, une relation de confiance s'installera. Vous découvrirez que le *brownie* est un

Une fée se cachant dans les orties.

De bons conseils

En Irlande, il y a un siècle environ, Lady Francesca Wilde conseilla ceci : « Ne finissez jamais votre verre de vin dans une fête, ni une flasque de whisky ou un seau de lait ; et n'éteignez jamais complètement le feu la nuit car cela paraîtrait mesquin. Les fées aiment qu'un petit peu de chaque chose subsiste et apprécient un âtre chaud et confortable quand elles rentrent pour tenir un conseil lorsque tous les mortels sont partis se coucher. »

formidable moteur d'énergie positive dans votre maison, si bien que tous les habitants du foyer, animaux compris, jouissent de chance et d'une bonne santé physique et psychique.

Protection contre les fées malveillantes

Si vous êtes somme toute inquiet que vous ou votre foyer puissiez être l'objet de fées malveillantes, il est utile de mettre en place des garde-fous. Voici quelques moyens de repousser les fées que vous préféreriez éviter :

- ☆ Saupoudrez un peu de sel sur tous vos rebords de fenêtres.
- ☆ Le fer, sous la forme d'un fer à cheval à votre porte d'entrée, s'avère souvent efficace.
- ☆ Sur la porte des pièces dans lesquelles vous suspectez l'intrusion de fées – la cuisine et la chambre sont les endroits les plus susceptibles d'être dérangés – suspendez un coussin d'épingles.
- ☆ Un exemplaire de la Bible ou un crucifix éloigne les méchantes fées. Faites un signe de croix sur tous les objets que vous souhaitez protéger des fées. Par exemple, pour empêcher les fées de grignoter un gâteau juste cuit et de sauter dessus, faites un signe de croix dessus.
- ☆ Les fées trouvent les bruits des mortels gênants et détestent tout particulièrement les cloches des églises. Faire sonner des cloches régulièrement chez vous peut donc être suffisant pour décourager les méchantes fées d'élire résidence chez vous.
- ☆ Placez toujours vos chaussures les pointes éloignées du lit pour repousser la visite des fées espiègles qui viennent la nuit pour entortiller vos cheveux.
- ☆ Si vous vous promenez la nuit dans une région rurale, retournez l'un de vos vêtements, par exemple un gant, pour repousser les fées malveillantes.

Comment voir les fées ?

La plupart des apparitions de fées ont lieu quand la lumière – le soleil ou le clair de lune – change à un moment donné du jour ou de la nuit. Vous avez plus de chance de voir des fées pendant la fête de mai, le solstice d'été ou Halloween – qui pour les Celtes marque le changement entre l'ancienne et la nouvelle année.

Les périodes de transition augmentent les chances de voir des fées ; c'est pourquoi les jeunes filles comme celles de Cottingley ont toujours été à même de les voir.

Les fées ayant une nature confidentielle et secrète, elles ne souhaitent pas être observées par les mortels, de sorte qu'il faut vraiment scruter pour les remarquer avant qu'elles ne disparaissent en un clin d'œil. Si jamais vous trouvez un trèfle à quatre feuilles, gardez-le sur vous pour vous permettre d'apercevoir même les fées qui souhaitent rester invisibles.

Pierres, baumes et baies de sureau

Des mortels ont rapporté être capables de voir des fées s'ils regardent à travers une pierre percée – une pierre où un trou naturel a été creusé par les flots.

En l'absence de pierre, un baume spécifique peut être appliqué sur les paupières avec le même effet. Certains mortels connaissaient la recette secrète de ce baume, y compris les docteurs-fées qui avaient passé du temps dans le monde féerique. Il semblerait que celui-ci contienne du trèfle à quatre feuilles broyé en poudre. Le vin de baies de sureau est considéré comme du nectar féerique et le boire est censé permettre aux mortels de voir les fées. Pour rapprocher les fées de vous, ajoutez des baies séchées à un mélange d'encens.

« Je crois en les fées »

Pour avoir une chance de voir les fées, vous devez croire en elles. Dans *Peter Pan*, J.M. Barrie pousse cette idée plus loin : comme la fée Clochette est en train de mourir, Peter Pan appelle des enfants en train de rêver :

« Crois-tu aux fées ?... Si tu crois en les fées, tape dans tes mains ! »

(Peter Pan, Acte IV)

The Faerie Feller's Master Stroke (Le coup de maître de la fée Feller), *Richard Dadd, 1855–1864, huile sur toile.*

La fée Clochette revient à la vie, soutenue par l'acceptation de son existence par les enfants. Comme pour les enfants, notre esprit est ouvert à de nouvelles expériences. Tristement, les esprits des adultes ont tendance à se fermer et à devenir cyniques. Une croyance « enfantine » n'est pas toujours bien considérée dans notre société. Pourtant, notre monde intérieur s'enrichit si nous regardons autour de nous avec curiosité et avec la volonté de croire en des choses inexplicables.

Apportez de l'énergie à votre troisième œil

Les fées occupent un royaume situé entre le monde physique et le monde spirituel, de sorte que pour les voir, vous devez développer votre conscience psychique. Dans votre corps, votre capacité à acquérir cette conscience psychique est située dans votre « troisième œil », qui se trouve au centre de votre front..

- ☆ Asseyez-vous par terre en tailleur dans un endroit calme où vous ne serez pas dérangé. Fermez les yeux, inspirez et expirez lentement. Faites durer votre expiration autant que votre inspiration. Observez ce que ressent votre corps et où se trouvent les éventuelles tensions. Concentrez votre respiration sur cette région jusqu'à ce que vous la sentiez relâchée. Relâchez les muscles autour des yeux, puis sentez les tensions s'apaiser du point situé entre vos yeux vers l'extérieur. Détendez votre mâchoire, ce qui ouvre légèrement la bouche. Une fois tous vos muscles décontractés, prenez conscience que vous emmagasinez de l'énergie.
- ☆ Visualisez-vous entouré de lumière curative et énergisante. Cela peut vous aider d'imaginer cette lumière énergisante comme une couleur – je pense à du rose ou du orange lumineux, qui pour moi est associé à l'apaisement mais aussi à un sentiment d'élévation spirituelle. Maintenant, tendez doucement les bras sur les côtés et décrivez un cercle vers le haut. Visualisez que vous encerclez la lumière et l'énergie de la couleur que vous avez choisie. Lorsque vos mains se rejoignent au-dessus de votre tête, placez-les en position de prière et amenez l'énergie de vie dans votre troisième œil, au milieu de votre front. Sentez que vous ne faites qu'un avec les vibrations énergétiques de l'univers, que vous êtes revitalisé et serein.

La vue

L'aptitude à voir les fées est appelée tout simplement « la vue ». Elle peut être accordée au septième fils d'un septième fils ou à la septième fille d'une septième fille, surtout si l'enfant est roux.

Méditation dans la nature

Pour vous connecter avec les fées, vous devez avoir la volonté d'ouvrir votre cœur et votre esprit. « Vous devez être content de savoir que vous aimez cet arbre et que vous voulez l'aimer encore plus », déclarait Ella Young, une poétesse et écrivain qui a communié avec les fées dans l'ouest de l'Irlande, « et vous savez qu'il est vivant et vous voulez vous en rapprocher. »

Tout d'abord, trouvez un endroit calme où vous asseoir dehors. Une zone boisée apparaît idéale. Vous devez être seul et assuré de ne pas être dérangé.

☆ Inspirez et imaginez une vague de lumière verte monter de la terre sous vous, monter dans votre corps pour vous connecter avec la terre en dessous. Expirez et sentez une vague de lumière dorée circulant à travers votre corps depuis les cieux et vous connectant avec le soleil et les étoiles. Recommencez plusieurs fois jusqu'à ce que vous vous sentiez relaxé et chargé de l'énergie de la terre et du ciel.

☆ Observez les arbres et les plantes qui vous entourent. Visualisez de la lumière qui sort de votre cœur pour vous connecter à chacun d'entre eux. Appréciez ce sentiment d'unité et d'espace intérieur.

☆ Réclamez un message du royaume des fées. Vous allez peut-être ressentir une énergie légère et agréable, ou des mots particuliers, ou encore des images peuvent vous venir soudainement à l'esprit.

☆ Pensez toujours à remercier les fées avant de partir.

Jeune fille méditant auprès d'un guide-fée.

Index

Je dédie ce livre à ma mère,
Lady Warren du comté de Cork, en Irlande.

Je souhaiterais remercier Liz Dean, Marion Paull et Carmel Edmonds pour l'expertise éditoriale qu'elles ont apportée pour la création de cet ouvrage.

Crédits photographiques

The Bridgeman Art Library
Pages 6, 9, 17, 21, 31, 60, 65, 69, 85, 89, 96, 101, 103, 105, 118, 121, 135, 137, et 140

Mary Evans
Pages 3, 13, 15, 23, 33, 46, 49, 72, 91, 95, 114, et 127

Topfoto
Pages 37, 41, 125, 129, 131, 133, et 155

The Art Archive
Page 77

Frederick Warne & Co.
Page 145, image reproduite avec l'aimable permission de Frederick Warne & Co., copyright © The Estate of Cicely Mary Barker, 1940, 1990

Glenn Hill/NMeM/Science & Society Picture Library
Pages 138 et 139

30
40
30